China City Golden
Development

中国城市的
黄金发展

周冰/著

人民出版社

责任编辑:贺　畅
责任校对:吕　飞

图书在版编目(CIP)数据

中国城市的黄金发展/周冰 著. -北京:人民出版社,2014.9
ISBN 978 - 7 - 01 - 013730 - 8

Ⅰ.①中…　Ⅱ.①周…　Ⅲ.①城市经济-经济发展-研究-中国
Ⅳ.①F299.2

中国版本图书馆 CIP 数据核字(2014)第 153838 号

中国城市的黄金发展
ZHONGGUO CHENGSHI DE HUANGJIN FAZHAN

周冰　著

人民出版社 出版发行
(100706　北京市东城区隆福寺街 99 号)

北京瑞古冠中印刷厂印刷　新华书店经销

2014 年 9 月第 1 版　2014 年 9 月北京第 1 次印刷
开本:710 毫米×1000 毫米 1/16　印张:17
字数:195 千字

ISBN 978 - 7 - 01 - 013730 - 8　定价:67.00 元

邮购地址 100706　北京市东城区隆福寺街 99 号
人民东方图书销售中心　电话 (010)65250042　65289539

目 录

序　言

一、城市发展的拐点

做了一些关于城市问题的研究后,突然觉得又回到了问题的原点。一直在思考的一个问题是:中国的许多城市已经越过了城市快速发展的第一个拐点,也就是说当发展中国家人均 GDP 达到 1000 美元,城市化率达到 30% 时,城市化进入快速发展期,这是一个从慢到快的拐点,此后再到人均 GDP6000 美元,城市化率达到 60% 以上时,城市产业结构调整初步完成,现代服务产业开始高速发展,又一个拐点出现。

这些拐点有多少成分是学术上的抽象,有多少成分具有现实的意义?

进入第一个拐点快速发展的中国城市,可以形象地说,城市进入了黄金发展期。这个黄金发展期,表现的是城市高速度发展,而第二个拐点后,城市就进入了发展的黄金时代。那么,城市又如何从黄金发展期达到城市发展的黄金时代呢?

什么是城市发展的黄金时代?

英国土地学家 P.霍尔(P. Hall)在其著作《城市文明》一书中提出了"城市黄金时代"的概念,即在特定时期,城市可凸现独特的创造力,成为人类城市文明建设的灯塔。

他总结了西方文明史中 21 个城市的建设特点之后,发现有四个方面的独特表现,即:一是城市发展与城市文化艺术创造并驾齐驱;二是技术进步;三是文化与技术结合;四是针对现实存在的问题寻找到了答案。

那些取得伟大成就的城市,代表了城市发展史中的黄金时代,它们像人类文明的灯塔,照亮了世界。如公元前 5 世纪的希腊雅典,12世纪伊比利亚半岛的巴塞罗那,14 世纪意大利的佛罗伦萨,16 世纪的英国伦敦,18 世纪的奥地利维也纳及 19 世纪的法国巴黎。

那些经历过黄金发展和黄金时代的城市,而今都是世界级的文化城市,这些城市还有一个共同的特点:它们都属于开放度很高的国际文化名城,都有属于城市本身的文化根脉和文化特色。

二、城市发展的主导力量

生产力发展无疑是社会、城市进步的源动力。因为生产力的发展,城市在大踏步地前进。电力的发明首先使城市告别了黑灯瞎火的时代,也有了把工厂搬到远郊的可能。因为汽车的发明,城市不再到处散发着马粪牛粪味,道路才一次被扩大到 12 米以上。因为建筑技术的进步、玻璃的发明,现代超高层建筑才改变了城市原有的"聚集"的含义。

电影、电视、电脑、互联网,城市在技术的迅速进步中,功能一次次被提升。而技术进步在一个世纪以来是如此迅速,所有的独立城市及所有个体的人,都只有招架之功,只能顺应这些技术进步,就连纽约、东京、伦敦这样的城市也不能以一个城市之力主导一个新的技术方案或一种商业模式。

适应生产力的发展，城市的发展管理也以不同的方式主导着城市的发展。

当代西方国家城市发展的主导力量是市场自发力量。市议会、市政府都是顺势而为或"顺势不为"。中国一位省长访问旧金山，问及旧金山的 GDP，市长很茫然，这不奇怪，洛杉矶、纽约的市长未必知道他们城市的 GDP，美国州以下不统计这一指标。市长本人能不能当选，能不能连任，由市民投票决定。市民投不投某一候选人的票，取决于他自己的生活是不是"往上走"，他的工资是否上涨，他的家庭收入是否上涨，就业是否容易，社会是否安全……所以，整个地区虽不统计 GDP，但居民收入却统计得很准，并且一季度一发布。公务员是市民的公仆。

中国城市发展的主导力量是政府，政府的法人代表是市长，而这个市长并非市民票选。所以，中国城市发展得好，是多少届政府努力的结果；发展得不好，一位市长、一届政府就有足够大的破坏力。当然，市政府、市长的权力也很大，涉及城市建设、教育、卫生、社保、交通等方方面面。市长们很忙，很辛苦，整个城市这也是问题，那也是问题，社会自发的运作机制不够用，市长们成天都是"救火队"。个别能力超强的政府和市长，目光远、作风实，敢于解决发展中的问题，市民对当下的事虽有一些意见，但总归看到了一些希望，也乐意跟从，城市便有了一波大发展。

当然，一两任不负责的政府、市长，也搞不垮一个城市，原因是城市社会、经济、文化系统自发的内在的运作机制并没有完全失灵，尤其是市场的机制还在运行。城市过了拐点还在黄金发展期，最终是生产力的进步使然。

三、城市理想

城市的本质和特征是集聚,人流集聚、物资集聚、财富集聚、文化集聚,同时,反社会因素也会集聚,比如偷盗、抢劫、破坏等犯罪因素也在城市集聚。正反两方、利益多方,相生而存在。纽约、香港就是这样的典型,没有人会认为这样的城市太大,没有意义,但也不是所有的人都认为它很好。城市的集聚要适度,但这个尺度很难把握。城市的集聚只能顺势去引导,没有谁能控制。

城市的形象仅从空间构成来看,可以简单地认为由平面规划和立体建筑物构成。国内城市摊大饼式的发展,带来了许多问题,在英语里,这叫"爪牙式"发展。西方国家似乎在 20 世纪 60—80 年代就已经解决了这个问题。英国创造的"卫星城",美国创造的"聪敏增长"都是成功的尝试。

至于城市的建筑形象,现在被批评得最多的是"千城一面"。这其实是一个误区,城市建筑造型、立面与城市特质本质是两个不同范畴,建筑形象上的"千城一面"不是中国城市特有的,欧洲的城市更是"千城一面"。巴黎、伦敦、圣彼得堡、布鲁塞尔、哥本哈根……除了标新立异的埃菲尔铁塔、原子雕塑等,这些城市无一例外古老陈旧。石头建成的古希腊式、罗马式尖顶的哥特式风格大教堂、市政厅、博物馆。到处都是阴暗的小窗户,窄小的门道,没有一棵树的小街。而新城区,又都是玻璃盒子风格的现代建筑。但巴黎就是巴黎、伦敦就是伦敦,绝不类同。

城市从集聚这一特征上讲，多元是共性。也就是说，在基本功能上，城市不存在个性问题。国内现在对城市个性的追求到了一种走火入魔的程度，实际上是把建筑个性、城市文化个性与城市运营"个性"混淆了。说到底，城市建筑个性，只是地理文化个性。北欧的城市屋顶一定很陡，否则冬天的大雪会把屋顶压塌；东南亚的房子必然很开敞，并且白色居多，因为常年高温需要散热；中国北方民居，四合院居多，藏风聚气，如非要说北京四合院和西安四合院有什么区别，那就是门的开法、砖雕门楼等细部不同而已。而中国中部以徽派建筑为代表，实际上长江中下游城市老建筑大多都是徽派建筑的变种而已；广东的"骑楼"，原始的动因是因为雨多、太阳晒，做生意的人要让顾客方便进来看货。如果说广州和北京比起来，各自都有个性可以理解，非要北京和天津、广州和潮州比城市个性，那就是舍本逐末。

城市建设不能不追求个性，但不能只追求"个性"。

城市应该是功能第一，实用第一。

什么是理想城市或城市理想？其实，这个问题的产生比"共产主义"一词产生还要早。"乌托邦"、"太阳城"的创造者首先是哲学家、城市规划专家，最后才被"共产主义思想同盟"认可为"理想鼻祖"。从他们开始，追溯及下延到柯布西埃的立体城市、光明城市。人类的理想城市没有一个标准模板，但理想城市至少要求人性化，要光明、便捷、宜居、宜生活，要便于进行贸易和生产组织，要通达、节能、高效。

先哲们的研究有的已经落实到了图纸上。不但是城市的格局、规模，他们甚至把街道的尺度、广场的大小都给设计出来了，如：方便城市管理的放射状布局、围绕中央广场四周的权力建筑群等等。堪培拉是澳大利亚首都,它的规划师、设计师竟然在没有到过澳大利亚之前,就完全按理想设计出一个完美的权力城市。

四、城市特质文化项目的塑造

人类基本生活需要塑造城市的同一性,人类文化生活的多样性造就城市的丰富性,把丰富的、有侧重的特质放在一起,就是这个城市的个性。中国国家文物局前任局长单霁翔关于城市发展的论断颇有见地:城市发展应沿着功能城市→经济城市→生态城市→文化城市的方向前进和发展。

功能型城市可以按其明显的特质进行分类。不同类型的功能城市,人们对它的需要不同、定位不同,其发展方式也不同。如政治型城市华盛顿、堪培拉、比勒陀利亚,国家政权主导城市的方方面面,甚至连建筑都是权力建筑。

经济型城市或单纯的资源型城市,如早期的约翰内斯堡、旧金山、新加坡、深圳、大庆,外部市场需要它是什么样子,它就是什么样子,没有他途。

文化城市发展塑造主要以规模不同而不同。大城市、超大城市,它本身就是一个巨大市场,如历史悠久的古老大城市西安(长安)、奈良、圣彼得堡等。这些城市中的大型文化项目是它们的文化代表。而那些小型的文化城市,外部世界没有消费人群进入,仅仅因为城市居民自己的生活基本需求而自我循环,所以,它们的发展只能靠自主发展。

那些标志着城市文化特点的大型文化项目怎么发展? 那些自主

发展的小型文化城市怎么发展？这些都是包含多个侧面的问题，也有多种组合的答案。

市民文化消费日益高涨。在许多国家的发展战略中，这个阶段，文化产业、旅游产业等成为主导产业。

罗马、巴黎和西安不用重新选择，它们有丰厚的文化积淀。在传统工业因为成本的原因必须远离城市的时候，这些城市必然选择现代服务产业或文化创意产业来调整产业结构，把自己塑造成了文化城市。

洛杉矶、首尔自选了文化城市的角色，并为此努力了几十年。洛杉矶开辟了好莱坞、迪士尼、环球影城……直接跳过了工业时代，而成为文化之都。

近几年，中国建设文化城市的声音越来越高。许多地方在喊口号，一些地方在实干，鱼龙混杂。人口只有几万人的小县城也在发展文化产业，建设文化名城，也不考虑自己有没有市场？有没有人才？也有一堆策划人，这里那里地策划着一个个"第四代新城"、"中国文化新都"、"文化副都"，名大于实，炒作变成了"忽悠"。

文化城市建设需要引导，需要规划，而规划必然有大项目作为载体，并且一个接一个项目干下去，达到预定目标，取得满意成绩。列举以下几个实例：

1.西安的曲江新区。西安曲江新区1996年成立时，是一个近郊的旅游度假区，后来改目标为以旅游为主导的开发区，再进一步成为城市新区、文化产业示范区。做了城市建设＋景区＋文化产业的尝试。

2.大明宫遗址保护区。"大明宫"是唐朝皇宫，千年后成为一片占地面积5300亩的大遗址，处于西安城市二环以内核心区。西安最大的棚户区"道北"就在那里,于是探索出了一条遗址保护+棚户区改造+城市生态建设+文化旅游发展的道路。

3.延安圣地河谷文化旅游中心区。延安是中国革命圣地,但峡谷状的城市只能向空中要发展空间。宝塔山下高楼林立,难觅20世纪30年代的痕迹。探索建设一个老延安项目,在不破坏地形、地貌的地块上,直接建设发展文化旅游城市——圣地河谷,投资300亿,成为陕北旅游中心区。

4.西咸北国风光文化旅游中心区。西咸新区位于西安和咸阳两座古城之间,占地800平方公里。在这块土地上,规划建设一片"北国风光"文化旅游中心区,规划占地面积约23平方公里。这是一个融合自然生态、文化创意、能源利用、新农业旅游、体验式旅游等多种元素于一体的综合型文化旅游中心区,同时也是实现陕西旅游跨越式发展的重要"根据地"。

以上这些项目,有的已经完成,有的是正在进行时。

本书将着重从城市发展实践的角度、区域文化品牌传播及当事者感悟的角度,以作者自身经历的一些实例为样本,研究在中国城市黄金发展的大背景中,如何使其以重大文化项目为基础,朝着城市黄金时代的目标奋进。

第一编

壮阔系统的演进

　　推动城市进步的力量是如此壮大,几乎所有的城市都在势不可挡地发展着。城市间相互竞争,城市内互相协调促进。由低级而高级再更高级,由简单而集约再更集约。城市治理,城市运作,城市传播,日益在新技术、新文化、新财富的背景下展开其新思路、新方向、新理想。

第一章 世界城市化进程新阶段中的中国城市发展

第一节 世界城市化进程概况

自 18 世纪 60 年代揭开序幕以来世界城市化大体上经历了三个阶段。

一、1760—1851 年 兴起阶段

这一阶段世界城市化的主体是英国。

在这 90 年的时间里,英国的城市人口由最初不到总人口的 10% 发展到 50% 以上,基本实现了城市化,同期世界城市人口占总人口的比例仅为 6.4%。

二、1851—1950 年 基本实现阶段

这一阶段世界城市化的主体是欧洲和北美的一些发达国家。

这个阶段世界城市化进程的格局:英国进入高度发达的城市化阶段;其他发达国家进入基本城市化阶段;发展中国家的城市化进入起步阶段;整个世界则进入加速城市化发展阶段。

到 1950 年英国城市化水平达 78.9%,美国城市化水平为 64%,

德国为 70.9%，法国为 54.4%。世界发达国家平均为 52.5%，发展中国家平均为 16.7%，世界城市人口占总人口的比例为 28.6%。

三、1950 年至今　普遍实现阶段

在这一阶段，世界范围内的城市化进程普遍加快，全世界基本实现城市化。

多数发达国家城市化进程中量的增加过程已基本完成，城市化水平增长速度已趋缓、进入缓慢、无止境的质的提高阶段；而发展中国家城市人口增长速度加快，其城市化正处于量的扩张和加速阶段，从量上看世界城市化的主流已从发达国家转移到发展中国家。2000年发达国家城市化平均水平为 79.5%，发展中国家平均为 44%，世界城市化水平平均为 51%。

第二节　中国城市化进程概况

一、1978 年以前

表 1-1　1949—1978 年全国城市化率情况

年份 （年）	总人口 （万人）	市镇人口 （万人）	城市化率 （%）	市 （个）	镇 （个）
1949	54167	5765	10.64	135	2000
1953	58796	7826	13.31	166	5402
1956	62828	9185	14.62	175	3672
1957	64653	9949	15.39	176	
1960	66207	13073	19.75	199	

年份 （年）	总人口 （万人）	市镇人口 （万人）	城市化率 （%）	市 （个）	镇 （个）
1961	65859	12707	19.29	208	4429
1965	72538	13045	17.98	171	2902
1966	74542	13313	17.86	169	
1969	80671	14117	17.50	175	
1970	82992	14424	17.38	176	
1975	92420	16030	17.34	184	
1978	96259	17245	17.92	193	2173

资料来源：《中国统计年鉴》(1979)

1949—1978 年的 29 年间，中国的城市化水平从 10.64%上升到 17.92%，共上升 7.3%，年均增长 0.25%。这一时期的城市化进程又可分为三个小的阶段：

1. 1949—1957 年城市化恢复和初步发展阶段

新中国成立之初城市化水平非常低，1949 年城镇人口在全国总人口中的比重只有 10.64%，到 1957 年，我国城市数量已从新中国成立之初的 135 个增加到 176 个，城市人口达到 9949 万人，占全国总人口的比重由 1949 年的 10.6%增加到 15.39%，增长了 4.75%，平均每年增长 0.59%。

2. 1958—1965 年急剧增长之后被迫调整的大起大落阶段

1958—1965 年间城市化水平大起大落，1960 年升至 19.75%，下降后又上升至 1965 年的 17.98%。

3. 1966—1978 年城市化停滞时期

1965—1975 年城市化水平由 17.98%降至 17.34%，至 1978 年恢复为 17.92%，与 1966 年的城市化水平基本相当。

4. 阶段特征

（1）东-中-西的城市化方向；

（2）发展水平反复曲折、总体趋势向上；

（3）以人口自然增长为主的政策主导型城市化进程。

二、1978—1998 年

改革开放以后，中国城市化进程加快，其间可分成 4 个阶段：

1. 1978—1984 年农村体制改革推动城市化的阶段

表 1-2　1978—1984 年全国城市化率情况

年份（年）	总人口（万人）	市镇人口（万人）	城市化率（%）	市（个）	镇（个）
1978	96259	17245	17.92	193	2173
1979	97542	18495	18.96	216	2361
1980	98705	19140	19.39	223	2692
1981	100072	20171	20.16	223	2678
1982	101541	21154	20.83	245	2664
1983	102495	24126	23.54	289	2968
1984	104357	24017	23.01	300	7186

资料来源：历年《中国统计年鉴》。

这一时期内，在农村大力发展乡镇企业和城市建设等多种因素的作用下，城市化取得了长足的发展。城市数量由 193 个增加到 300 个，建制镇数量由 2173 个增加到 7186 个，城镇人口由 17245 万人增加到 24017 万人，年均增长 6.54%，快于同时期全国总人口 1.36%的年均增长率，城市化水平由 17.92%上升到 23.01%，年均增加 0.85%，快于改革开放之前的任何一个时期。

2. 1985—1992 年城市体制改革推动城市化发展的阶段

表 1-3 1985—1992 年全国城市化率情况

年份 （年）	总人口 （万人）	市镇人口 （万人）	城市化率 （%）	市 （个）	镇 （个）
1985	105851	25094	23.71	324	9140
1986	107507	26366	24.52	353	10718
1987	109300	27674	25.32	381	11103
1988	111026	28661	25.81	434	11418
1989	112709	29540	26.21	450	11873
1990	114333	30191	26.41	467	12084
1991	115823	30543	26.37	476	12455
1992	117171	32372	27.63	517	14539

资料来源：历年《中国统计年鉴》。

1985—1992 年间，城市化进程中新建城市占主导地位，城市数量由 324 座增加到 517 座，建制镇由 9140 个增加到 14539 个，城镇人口由 25094 万人增加到 32372 万人，城市化水平由 23.71% 上升到 27.63%，年均增长 0.58%，低于前一阶段。

3. 1993—1997 年市场经济体制的确立和完善推动城市化发展的阶段

表 1-4 1993—1997 年全国城市化率情况

年份 （年）	总人口 （万人）	市镇人口 （万人）	城市化率 （%）	市 （个）	镇 （个）
1993	118517	33351	28.14	570	15805
1994	119850	34301	28.62	622	16702
1995	121121	35174	29.04	640	17532
1996	122389	35950	29.37	666	18171
1997	123626	36989	29.92	668	18260

资料来源：历年《中国统计年鉴》。

1993—1997 年间,城市数量由 570 座增加到 668 座,建制镇由 15805 个增加到 18260 个,城镇人口由 33351 万人增加到 36989 万人,城市化水平由 28.14%增加到 29.92%,年均增长 0.46%。

4. 阶段特征

(1)东部沿海地区成为城市化主流;

(2)城市化水平总体平缓上升;

(3)政策退居二线,市场调节为主的城市化。

三、1998 年至今　中国城市化进入黄金发展阶段

表 1-5　1998 年至今全国城市化率情况

年份 (年)	总人口 (万人)	市镇人口 (万人)	城市化率 (%)	市 (个)	镇 (个)
1998	124761	41608	33.35	668	19216
1999	125786	43748	34.78	667	19756
2000	126743	45906	36.22	663	20312
2001	127627	48064	37.66	658	20374
2002	128453	50212	39.09	656	20601
2003	129227	52376	40.53	656	20226
2004	129988	54283	41.76	656	19883
2005	130756	56212	42.99	656	19522
2006	131448	58288	44.34	652	19369
2007	132129	60633	45.89	651	19249
2008	132802	62403	46.99	651	19234
2009	133450	64512	48.34	650	19322
2010	134091	66978	49.95	653	19410
2011	134735	69079	51.27	653	19683

资料来源:历年《中国统计年鉴》。

中国自 1998 年开始,城市化率超过 30%。2003 年,人均 GDP 为 1090 美元,城市化率达 40.53%,世界城市化的进程经验表明,当一个国家的人均 GDP 达到 1000 美元,城市化水平达 30%时,城市化将进入高速发展时期,这一时期的城市化率从低到高,速度加快,也被称为"黄金发展期"。

这一时期,许多城市的城市化进程呈现"快"的特征,片面追求上规模、上速度,而忽略了"质"的提高,忽略了"城市的个性"。

第三节　黄金发展期的中国城市化及城市发展背景

一、政治背景

1997 年,中共十五大要求"搞好小城镇规划建设",到 20 世纪末,我国顺利实现了现代化建设"三步走"战略的第二步目标,人民生活总体上达到了小康水平。

2002 年,中共十六大,遵循城市化"是走中国特色的城镇化道路",明确提出了"全面建设小康社会,加快推进社会主义现代化"的战略任务,把加快城市化进程提高到了"是全面建设小康社会的关键"这一高度。

2007 年,中共十七大又进一步提出"走中国特色城镇化道路,按照统筹城乡、布局合理、节约土地、功能完善、以大带小的原则,促进大中小城市和小城镇协调发展。以增强综合承载能力为重点,以特大城市为依托,形成辐射作用大的城市群,培育新的经济增长极"。

"建设富强、民主、文明、和谐的社会主义现代化国家",是我国在社会主义初级阶段的奋斗目标。

2012年,中共十八大提出建设工业化、信息化、城市化、农业现代化的国家。工业化、信息化、农业现代化统一归纳为现代化,所以"新四化"社会的实质就是现代化和城市化。

城市化,在中共政治纲领中多次被提及,说明我国的现代化离不开城市化。城市化是现代化的重要特征之一,一般而言,城市化水平越高,现代化程度越高。由城市化到现代化是世界性的大趋势,也是一个国家或地区实现现代化的必由之路。

二、经济背景

劳动使人直立行走,从山林走向平原,从江河走向湖海,从农村走向城市。

原始社会以家庭生产为主的自给自足的自然经济,都是为了生存的需要,即"男耕女织"式的生活。

随着社会生产力的发展,在社会分工、生产资料和劳动产品属于不同所有者的前提下,商品经济逐渐代替了自然经济。

市场经济是商品经济发展到一定阶段的产物,是一种发达的商品经济表现形式,是人类发展史证明了的最好的经济形态。1992年,中共十四大确立了社会主义市场经济体制的改革目标。

21世纪初期,我国GDP连续几年保持高增长率,城市化是强大动力。

商业和手工业是城市化的原始动力,工业是城市化的根本动力,第三产业是城市化的新兴动力,互联网经济是城市生活方式发展的提升动力。

伴随着发达国家进入后工业化时期,工业在城市化进程中的作用减弱,第三产业在城市化中的作用日益突出,第三产业在 GDP 中的比例越高,城市化水平就越高。

越来越多的人进入城市,城市化促使物流、资金流、信息流向城市集聚,各种要素的集聚,促使经济形态发生了新的变化:网络经济、知识经济、创意经济、休闲经济、体验经济、信息经济、会展经济……

在各种传统经济不断发展的背景下,新的经济形态不断衍生,中国城市化进程步入了黄金时代。

三、文化背景

1992 年,世界文化与发展委员会成立。

1995 年,世界文化与发展委员会发布《我们的创造的多样性》报告,指出"对发展和现代化的各种问题的认识,说到底都集中在文化价值和社会科学两个方面"。

1998 年,联合国教科文组织在斯德哥尔摩召开"文化政策促进发展"政府间会议,提出《文化政策促进发展行动计划》,指出"发展可以最终以文化概念来定义,文化的繁荣是发展的最高目标。""文化的创造性是人类进步的源泉。文化的多样性是人类最宝贵的财富,对发展是至关重要的。"

文化,成为 21 世纪最核心、最有魅力的话题。

从某种意义上说:人类发展历史最重要的部分之一就是人类城市的发展史;人类城市的发展史浓缩了人类文明的发展史和文化史。

文化是城市的记忆和名片,是该城市的历史、文化、民俗等非物质形态的凝聚;文化是城市的精神和灵魂,是区别于其他城市的个性所在,是城市的高级本质功能。

黄金发展期的中国城市化,是文化繁荣和发展的需要,更是新时代重建中国人"文化自信"的需要！

四、国际背景

在世界城市网络的坐标体系里，中国城市化水平的坐标在哪里？

我国城市化滞后于工业化，落后于现代化，在同等 GDP 水平上，仍低于世界城市化的平均水平。

加入 WTO 后，城市化融入了世界竞争，黄金发展期的中国城市化有了新的内涵：推进城市化是扩大开放、提高国际竞争力、实现现代化的必由之路。

18 世纪靠技术征服世界，

19 世纪靠军事征服世界，

20 世纪靠经济征服世界，

21 世纪是一个"城市世纪"，

21 世纪的国际竞争，与其说是国与国之间的竞争，毋宁说为强国与强国之间的城市与城市间的竞争，

21 世纪成功的城市是文化成功的城市！

五、历史与现实背景

第二次世界大战的暴雨刚过去，"冷战"的大幕又缓缓拉开。以美苏两个超级大国为代表，以北约和华约两大军事集团为后盾，在全球进行了长期的对抗、对峙和"冷战"。

新中国成立伊始，能否在国际上得到承认和占据一席之地至关重要，苏联于 1949 年 10 月 2 日公开承认中华人民共和国中央人民政府，这对新政府在国际地位上的认可起到了关键性的作用，"苏联老大哥"的地位得以确立。

"向苏联学习"，这是新中国成立初期全国建设的方针，也成为中国城市建设的方针。

从 1953 年开始，我国围绕"一五"计划开展了大规模的经济建设，集中主要力量进行以苏联帮助我国设计的 156 项规模以上建设单位为中心的、由限额以上的 694 个单位组成的工业建设。为保证156 项重点工程布局合理，新中国以苏联模式为蓝本，开展城市规划与建设工作，形成了一批新兴工业城市。

当时苏联与我国都采用中央集权下的计划经济，在新中国成立初期的城市建设中，中央集权下的计划经济就表现为城市的"单中心制"，这是一种集权文化下的城市功能定位，城市的文化由"分配"决定，城市的个性由"分配"决定。

而新时期，文化竞争力决定城市竞争力，城市的文化个性决定城市的文化竞争力。

因此，创造文化个性，创造城市的文化个性，是中国城市实现"黄金发展"的必由之路。

第四节　黄金发展期的城市资源利用

城市建设与发展，终极指向就是通过城市的比较优势竞争，获得更多的资源与发展机遇，实现城市价值最大化。

新世纪中国的城市之间，中国城市与世界城市之间将展开一场残酷的兵不血刃的竞争。

如何在激烈的竞争中脱颖而出，创造城市发展的黄金时代？

如何审度城市的优势竞争力？

思路决定出路：城市相关产业，具备了什么样的竞争优势？这些优势能维持多久？能否满足未来世界性市场的广泛需求？

一、城市——人类文明之光

城市是人类文明最伟大的创造，是文明足迹的宏观见证，是人类文明的最高表象。

美国现代哲学家路易斯·芒福德说过，"城市是一种特殊的构造，这种构造致密而紧凑，专门用来流传人类文明的成果"。

无论对城市如何定义及划分，从军事城堡、交换集市到工业聚集地；从资源城市、交通运输城市、政治城市、商业城市到复合城市；从小城市、中等城市、大城市到国际化大都市，城市都主导着人类的文明与进步，没有城市就没有真正意义上的人类文明，也没有人类真正意义上的可持续进步。

2002 年中国政府首次公布了中国城市化的目标，到 2020 年，中国的城市化率将达到 60%。

在城市化率从 20% 提高到 40% 这个过程中，英国经历了 120 年，法国经历了 100 年，德国经历了 80 年，美国经历了 40 年，苏联和日本分别经历了 30 年，而中国仅用了 22 年。

现代化、全球化无疑是一把双刃剑，一方面，城市化的迅速发展给我国经济带来巨大活力：工业飞速发展，GDP 总量高速增长，城市化使得几亿中国人摆脱了贫穷。另一方面，在中国城市的黄金发展期，很多城市只是片面地强调经济发展的高速度，看中的只是城市的规模变化。在这种城市快速的变化中，各种城市问题也不可避免地爆发出来。

二、城市问题的凸显

城市区域性发展不平衡;城市规模及产业结构不合理;环境污染严重,生态恶化;摊大饼现象严重,土地利用率低;城市文化定位"千篇一律",个性迷失。

早在 1996 年,中国就有 86 个城市喊出建立"国际大都市"的口号,而到 2005 年的时候,这个数字已经几乎翻了一番。600 多座大中小城市的品牌定位大有趋同之势,盲目追求变大、变新、变洋,广场一样、建筑一样、绿化一样,高楼大厦,漂亮广场都与市民无关,中看不中用,不仅造成大量人力、物力、财力的浪费,而且破坏了城市的风格与传统。

究其原因,中国城市的发展思路未能完全脱离计划经济时代的发展思路,城市没有文化传承;只注重为"物质生产"服务的生产性要素,不注重为"精神体验"服务的文化性要素,不注重城市管理民生幸福化要求。

这是中国城市发展方向偏移的重要原因。

只有正确认识现代城市,在一个比较明确发展方向的前提下,让城市居民有文化认同感、归宿感、幸福感,才能更好地实现城市的黄金发展,才能向高级城市形态迈进。

三、城市资源的重新认识

每个城市拥有的资源都不相同,城市也不能选择先天资源。

建设一个什么样的城市,首先要确定这个城市在所处时代中最具有竞争力的优势资源。

在工业时代,城市资源主要为先天资源,区位、土地、矿山等自然资源构成了城市竞争力的核心。

信息时代的到来,颠覆了传统的城市资源认定。一些拥有区位资源优势如土地、矿山等自然资源的城市发展步伐减缓,比如号称"九省通衢"的武汉、鞍山、洛阳……

而另一些缺乏先天资源的城市兴起了,比如大连、苏州、宁波……

人们也逐渐认识到,城市的优势资源也可以转化,城市的优势资源也可以创新。

这个阶段,城市资源的表现主要为自然资源和社会经济资源双重构成。企业资源、人力资源和制度创新资源是城市竞争力的核心资源。

体验经济时代城市资源根据竞争需要应进行重新认识。

表1-6　体验时代的城市资源

类　别	内　　容
土地等自然资源	城市发展所依赖的土地、山水、空间和其他自然环境等
企业资源	产业结构以及国有或集体所有制企业、中外合资企业和民营企业等
人力资源	城市人口及其素质、科教资源等
人类文化遗产资源	城市文化历史、旅游资源等
制度资源	城市资源的规划权、所有权、使用权、经营权和收益权以及政府政策、政府组织结构、社会组织结构等
形象资源	城市品牌、城市形象、城市行为方式等

城市未来的发展需要发掘什么资源,需要创造什么资源?

根据国际形势,在没有传统优势资源的状况下,如何创造新的资源?

第五节　案例分析

以圣何塞市和深圳市为样本的中美城市资源利用方式及效益比较研究

圣何塞——处于黄金时代的美国城市，深圳——处于黄金发展期的中国城市，它们对城市资源的利用方式代表了两种典型。当然，因为存在城市形态、城市生产力、城市规模乃至城市历史方面的较大差异，在中美之间作城市资源利用方式及效率的比较研究显而易见有着许多困难，但对中美两国的城市资源及利用情况进行比

图1-1　美国圣何塞市

较研究又是一件很有意思和有意义的事，特别是进行定量研究，从数

字上揭示中美城市资源利用比较上的差距,在前人研究中并不多见。
而中国的城市管理和运营却非常需要这些重要数据和结论的借鉴。

本案例选取发展道路、地理区位以及在各自国家经济地位相当
的美国硅谷中心城市圣何塞市、中国经济特区城市深圳市,探索进行
中美两国的城市资源及利用情况比较研究。

城市资源,泛指属于城市的所有资源,包括城市居民的财产、
设施、房屋、交通工具、城市土地、城市空间、城市拥有的企业等。
凡是在一个城市区域内的物资财产和资产,不论是公共的、私人
的,地上的、地下的,有形的和无形的资产、资源都可称之为城市
资源。

狭义的城市资源则是指属于城市或直接为城市服务的公共资
源。本案例主要从城市土地、城市公共基础设施以及城市财政三个
方面来研究城市资源的利用问题。

一、深圳市和圣何塞市的基本轮廓

圣何塞市(City of San José,或译圣荷西,旧译山河城),位于美国
西部加利福尼亚州太平洋沿岸旧金山湾区南部的圣塔克拉拉县。

圣何塞市建于 1777 年,当时是一个农业镇。20 世纪 80 年代之
后,随着高科技公司的创立和移入,圣何塞市逐渐成为"硅谷"的商
业和研发中心。

深圳市,1979 年在一个小渔村基础上建市,至今,已发展成为人
口 870 万,人均 GDP12932 美元(2008 年)的以高新技术、信息、商
贸、金融为中心的现代化城市。

表1-7　深圳和圣何塞的城市轮廓

项　目 ＼ 城　市		圣何塞	深圳	绝对值比较	相对值比较
人口	1980 年	62.9 万	33.3 万	29.7	1 : 0.5
	2005 年	94.5 万	827.8 万	−733.3	1 : 8.8
	平均增速	1.6%	13.4%	−11.8%	1 : 8.2
	近 10 年增速	1.4%	6.4%	−5.0%	1 : 4.7
土地(km²)	总面积	460.3	1952.8	−1492.6	1 : 4.2
	中心商业区	15	31.2	−16.2	1 : 2.1
	其他区	445.2	1921.8	−1476.6	1 : 4.3
GDP (万元 ￥)	1980 年	15311525	19618	15291907	1 : 0.001
	2005 年	65691904	49509078	16182826	1 : 0.8
	平均增速	6.0%	27.8%	−21.8%	1 : 4.6
	近 10 年增速	4.81%	16.1%	−11.29%	1 : 3.4
人均 GDP (元 ￥)	1980 年	111617	606	111011	1 : 0.005
	2005 年	694856	60801	634055	1 : 0.09
	平均增速	6.0%	12.4%	−6.4%	1 : 2.1
	近 10 年增速	4.8%	9%	−4.2%	1 : 1.9
财政 收入(亿元)	2001 年	203	265.7	62.7	1 : 1.31
	2005 年	220.6	418.7	198.1	1 : 1.9
	近 5 年增速	2.1%	12.0%	−10.0%	1 : 5.8
产业 产出 (元 ￥)	第一产业	65692	99018	−33326	1 : 1.5
	第二产业	38495456	26338829	12156627	1 : 0.7
	第三产业	27459216	23071231	4387985	1 : 0.8

注:圣何塞市的 GDP 是按照美国商务部经济分析局公布的个人收入与 GDP 的关系推算得出的(美国
　各城市及县不作 GDP 的统计,而商务部经济分析局在作统计时,是按照自己划分的经济区域统计
　的,最小经济区域是城市群)。

　　因为篇幅关系,本案例对中美两城市资源形成及利用方式差异
不进行定性分析。

二、城市资源利用效率的定量比较分析

1.圣何塞市、深圳市城市资源产出模型分析

为便于研究,我们作出以下设定:

Y——GDP,$X_1 = \Sigma X_2 + X_3 + X_4$,$X_1$——城市资源　圣何塞为 X_1 深圳为 X_1'

(以下变量圣何塞为 X_i,深圳为 X_i')

X_2——财政支出,X_3——土地价值,X_4——基础设施,$X_4 = Wv + Ev$,Wv——水资源及供水系统年值,Ev——电力系统用电量及电网系统年值

表1-8　圣何塞城资源产出有关数据

		2000	2001	2002	2003	2004	2005	合计
产出	GDP(亿元)	6583	6161	5764	5772	6120	6569	36969
	GDP/km²(亿元¥/平方公里)	14.3	13.4	12.6	12.6	13.3	14.2	
	财政收入(亿元¥)	203.4	242.3	286.2	301.2	274.5	267.9	
	个人收入(元¥)	441742	404874	378154	378791	401343	416585	
资源	财政支出(亿元¥)	203.4	242.3	286.2	301.2	274.5	267.9	
	新增用地估值(亿元¥)	95.1	91.0	62	48.8	42.2	41.3	
	城市基础设施(以水电为代表) 水费总额(亿元¥)	12.8	13.8	14.2	16	15.5	16.6	
	城市基础设施(以水电为代表) 电费总额(亿元¥)	153.9	183.8	185.3	192.3	156.1	146.8	
	城市基础设施(以水电为代表) 合计(亿元¥)	166.7	197.6	199.5	208.3	171.6	163.4	
	合计	465.2	530.8	547.7	558.3	488.3	472.6	3062.9

注:1.以上数据来源于圣何塞政府网站、加利福尼亚州政府网站。
　　2.美国财政年度从上一年中至本年中为一年,为便于比较,本书均将其视同为当年数据。
　　3.用电量以圣克拉县用电量代替,其中,1996、2000、2005年为原始数据,其余年份为5年中平均数,电价以加州当年平均电价为准。
　　4.水设备投资可以认为和水费收入相等。根据圣何塞市公立水厂年度销售收入(约占全市用水销售总额的10%)推算得出。

表1-9 深圳市资源产出有关数据

		2000	2001	2002	2003	2004	2005	合计
产出	GDP(亿元¥)	2187	2482	2969	3586	4282	4951	20457
	GDP/km(亿元¥/平方公里)	1.1	1.3	1.5	1.8	2.2	2.5	
	财政收入(亿元¥)	221.9	265.7	269.2	299.1	327.7	418.7	
	个人收入(元¥)	20906	22760	24941	25936	27596		
资源	财政支出(亿元¥)	229	260	312	359	386	613	
	新增用地估值(亿元¥)	310	386	390	495	526	440	
	城市基础设施(以水电为代表) 水费总额(亿元¥)	16.9	17.9	19.9	22.6	24.8	25.7	
	电费总额(亿元¥)	171.3	191.1	239.3	291.1	351.3	396.2	
	合计(亿元¥)	188.3	209	259.2	313.7	376.1	421.9	
	合计	727.3	855	961.2	1167.7	1288.1	1474.9	6474.2

(1)从表1-8可以得出：

$$\Sigma Y_{2000-2005} = 12X_{1\,2000-2005} \qquad \text{结果（1）}$$

从表3可以得出：

$$\Sigma Y'_{2000-2005} = 3\Sigma X_1{'}_{2000-2005} \qquad \text{结果（2）}$$

比较结果（1）、（2）可以得出：

$$\left[(\Sigma Y_{2000-2005})/(\Sigma Y'_{2000-2005})\right] : \left[(12X_{1\,2000-2005})/(3X'_{1\,2000-2005})\right]$$

$$= 12:3 = 4:1$$

而实际上,近5年来的数据表明,圣何塞市城市总资源投入(3063亿元¥)仅占其城市总产出(30969亿元¥)的8%,深圳市城市总资源投入（6474 亿元￥）占其城市总产出（20457 亿元￥）的32%。

所以，我们可以得出：

结论一：可以认为圣何塞城市资源的产出率或利用效率是深圳市的4倍。

（2）对表1-8和表1-9数据进行拟合，得：

表1-10　圣何塞市和深圳市 GDP 影响因素 OLS 回归结果

变量	圣何塞			深圳		
	模型 1	模型 2	模型 3	模型 1	模型 2	模型 3
财政支出	−7.776+	−15.845*	−17.207	7.292**	5.844**	1.158
土地价值		−14.546+	−16.218		5.049*	0.286
基础设施			1.482			9.741*
R^2	0.566+	0.899*	0.899	0.876	0.981	0.999

注：*** $p<0.001$；** $p<0.01$；* $p<0.05$；+ $p<0.1$。

圣何塞市城市资源利用情况的回归模型可表达为：

$$Y = -17.207X_2 - 16.218X_3 + 1.482X_4 + 11434.521 \qquad 公式(1-1)$$

深圳市城市资源利用情况的回归模型可表达为：

$$Y' = 1.158X_2' + 0.286X_3' + 9.741X_4' + 0.666 \qquad 公式(1-2)$$

在表1-10中，圣何塞市 GDP 影响因素 OLS 回归结果可以明显看到，对于圣何塞市，财政支出对 GDP 的影响是负的，也就是说，城市财政支出越多，GDP 产出越少；新增用地的增加价值对 GDP 的影响也是负的，而从统计学意义上来看，财政支出、新增土地增值、基础设施投入这三项因素对圣何塞市城市 GDP 的影响十分不显著，也就是说，对于圣何塞市来说，其城市 GDP 的增长并不取决于以上三项因素。

在表 1-10 中,深圳市 GDP 影响因素 OLS 回归结果同样可以明显看到,对于深圳市,财政支出、新增用地的增加价值、基础设施投入三项因素对 GDP 的影响都非常显著,也就是说,城市财政支出越多,新增用地越多,基础设施投入越多,城市 GDP 产出越多;而最显著的因素就是基础设施投入,财政支出、新增土地增值对城市 GDP 的影响都是通过基础设施投入这一因素实现的。

结论二:圣何塞市和深圳市处于不同的城市发展阶段,具有不同的城市资源利用模式。

结论三:深圳处于城市的工业化初期,城市 GDP 的增长与投资拉动具有明显相关关系。

三、城市财政资源、土地资源、基础设施利用效率比较

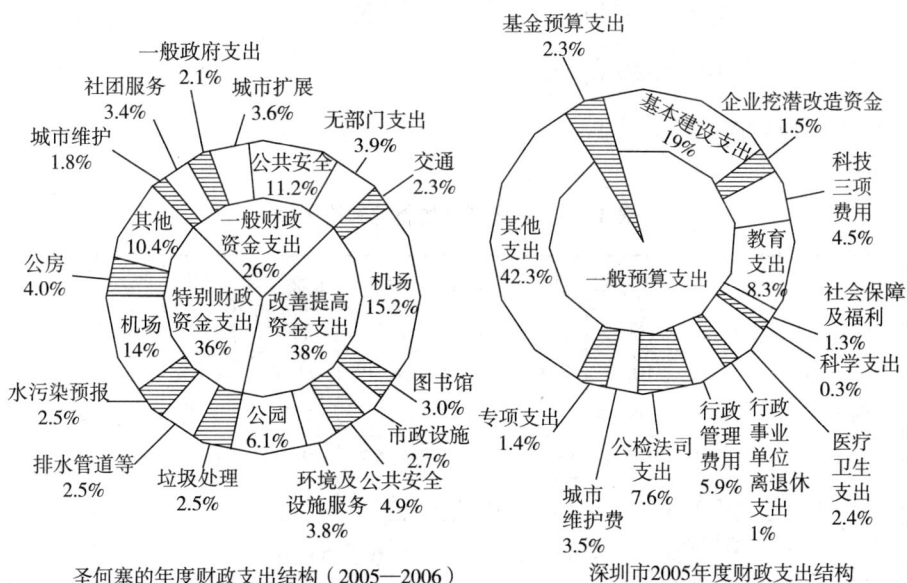

圣何塞的年度财政支出结构(2005—2006)

深圳市2005年度财政支出结构

图1-2 圣何塞市和深圳市财政支出结构比较

1.财政资源

比较深圳市和圣何塞市两座城市的财政支出结构,我们发现:

(1)两市的财政支出项目结构不同。深圳市财政支出的19%用于城市基础设施建设(不包括机场、高速公路等基础设施建设专项费用),而圣何塞市财政不支付基础设施建设费用,仅是对机场和城市设施投入维护完善费用,但图书馆、垃圾处理、排水管道、废水处理、公园等都作为独立大类出现,且专项费用,专项使用。

(2)圣何塞市一般财政支出的最大项是公共安全42.5亿,占总财政支出的16%。据美国联邦调查局的统计,2005年,圣何塞市是全美50万人以上大城市中最安全的城市;相应的深圳市公共安全支出(按公检法司支出计算)46.7亿,占城市总财政支出的7.6%,而深圳的社会安全状况则不是中国城市中最好的。

结论四:圣何塞市与深圳市相比,财政支出用于公共管理方面的比例较大,使用效率较高。

2.土地资源

表1-11　两座城市的土地利用情况

		总面积	工业	商业	房产	公共空间	空置	学校	其他
圣何塞市		460.2	33.6	16.1	167.1	206.2	21.2	16.1	
分类土地比例		100%	7.3%	3.5%	36.3%	44.8%	4.6%	3.5%	
深圳市		1952.8	257.8	31.2	186	177.9	1249		4.5
分类土地比例		100%	13.2%	1.6%	9.5%	9.1%	64%		0.2%
两城市各类土地比率		1:4.2	1:7.7	1:1.9	1:1.1	1:0.9	1:59		
两城市各类土地比例之比			1:1.8	1:0.5	1:0.3	1:0.2			
已开发土地利用情况比较	深圳	439.1	7.7%	3.7%	38.1%	50%		3.6%	
	圣何塞	703.2	36.7%	4.4%	26.4%	25.3%			12.5%
	比率之比	1:1.6	1:4.8	1:1.2	1:0.7	1:0.5			

表 1-12　2005 年度两城市的工商业土地利用

项目 土地	面积(平方公里)				每平方公里 产出(亿元)			每平方公里用工 就业数(人)			每平方公里 财政收入(万元)		
	圣何塞	深圳	比率	剔除空置 面积后的 比率	圣何塞	深圳	比率	圣何塞	深圳	比率	圣何塞	深圳	比率
总面积	460.24	1952.84	1:4.2	1:1.6	14.24	2.10	1:0.15	772	847	1:1.1	4792	2144	1:0.4
工业土地	33.60	257.8	1:7.7	1:4.77	102.88	9.63	1:0.1	3411	2995	1:0.9			
商业	16.11	31.2	1:1.9	1:1.19	72.2	35.1	1:0.5	2044	7736	1:3.8			
公共空间	206.19	177.9	1:0.86										
住宅	167.06	186	1:1.11										

注:在计算两座城市的每平方公里财政收入时,我们都不考虑上交联邦及中央财政部分,也即只考虑市
　本级财政收入。

参照表 1-7 和表 1-12 的数据我们可以看到:

(1)圣何塞、深圳两市剔除空置未开发面积后,两市的已开发区域面积比、每平方公里产出比、每平方公里的就业数比和每平方公里财政收入比分别为:1∶1.6、6.8∶1、1∶1.1、2.2∶1。

●可以认为,两城市每平方公里用工人数基本相近。

●单位土地产出及财政收入,都与土地面积成反向关系。这里面有汇率因素,但总的来说,我们可以得到:

结论五:单位土地产出圣何塞是深圳的 6.8 倍,单位土地提供的财政收入圣何塞是深圳的 2.2 倍。

这也说明,深圳单位土地实际税负较重。

(2)两市的工业用地所占比例(分别为圣何塞 7.3%,深圳15.2%),剔除未开发土地因素后,两市工业用地所占已开发面积比例分别为 7.7%,36.7%,即 1∶4.8(见表 1-11)。由于工业用地都产出了本市将近一半的 GDP。所以,我们得到:

结论六:圣何塞工业用地单位面积的产出效率实际是深圳的

4.8倍。

（3）圣何塞市的中心商业区约占全市总面积的3.3%,占其已开发土地面积的3.7%;深圳市的中心商业区约占全市总面积的1.6%（注:深圳市商业用地面积视同其中心商业区的面积）,但占其已开发土地面积的4.4%。

圣何塞市和深圳市2005年的商业增加值分别占各自城市GDP的17.7%和22.1%,而两座城市的商业从业人口占总人口的比例分别是3.5%和2.9%。

圣何塞、深圳两座城市中心商业区占城市已开发面积的比例、商业增加值占城市GDP的比例、商业从业人口占总人口的比例,标准化后分别为1:1.2、1:1.3、1:0.8。由此可以得到:

结论七:两市的商业土地使用效率及产出水平基本相当。

从这个角度来看,处于工业化进程中的城市,无论城市发展水平高低,城市GDP总量的大小,其商业土地面积、商业从业人口与城市（已开发）土地面积、城市人口总量之间有相对固定的比例关系。这对我们的城市规划和建设具有重大意义。

3.部分基础设施

水电设施是工业城市的核心基础设施,可以认为城市水电设施利用水平基本能够代表城市基础设施利用水平。我们查阅大量资料数据,试图对两座城市的水电资源利用情况进行较清晰的比较。因篇幅关系,本案例仅简述研究过程,给出结论,不再详细引用数字。

深圳市的万元GDP水耗为28万吨,圣何塞市的万元GDP水耗为4.3万吨。这一指标,标志着生产单位GDP水资源的绝对消耗量,体现着两市用水水平。

深圳市的万元GDP能耗为888.9千瓦时,圣何塞市的万元GDP

能耗为 236.6 千瓦时。这一指标,标志着生产单位 GDP 能源的绝对消耗量,体现着两市用能水平。

由于城市给水(供电)系统是多年投资积累形成,系统又相对复杂,所生产供应及处理的水(能源)的质量又有差别。所以,在此假设两城市的供排水(能源)均属民生工业,水资源(能源)企业利润率水平都只是社会平均利润水平且相等;且长期来看,城市水(能源)价值由原水(能源)价值+水厂(电厂)成本+供排水(供能)系统折旧+利润构成,则可以认为,在剔除利润因素后,城市年用水(能)量×平均水(电)价即为年城市水资源(能源)成本。

则对水资源来说:Cw/GDP=(年用水量×平均水价)/年 GDP,即单位 GDP 的水资源利用效率。

(Cw-consume qualimate of water per year)

假设 2005 年度为两市的正常耗水年度,则:

圣何塞市:Cw/GDP = 0.25%

深圳市:Cw/GDP = 0.5%

圣何塞、深圳两市的年用水量/GDP,Cw/GDP 之比分别为1:6.5、1:2。由此可得:

结论八:深圳市单位 GDP 的水耗高于圣何塞市。后者的水资源利用效率是前者的 2 倍。

同样,对城市供电效率进行研究,可得到:

Ce/GDP=(年用电量×平均电价)/年 GDP,即单位 GDP 的电资源利用效率。

(Ce-consume qualimate of electricity per year)

假设 2005 年度为两市的正常耗能年度,则:

圣何塞市:Ce/GDP = 2.2%

深圳市：Ce/GDP＝8%

圣何塞、深圳两市的年用电量/GDP，Ce/GDP 之比分别为 1∶3.8、1∶3.6，由此可得：

结论九：深圳市单位 GDP 的能耗高于圣何塞市。后者的电资源利用效率是前者的 3.6 倍。

图1-3　中国深圳市图

四、建议

由以上 9 项研究结论，我们似乎可以对深圳或者国内类似于深圳这样的城市提出一些发展建议：

1.深圳市应继续加大科技投入，支持高科技产业的快速发展，以高科技产业比重的增加，逐步改变 GDP 的结构和增长方式。

2.城市财政支出构成的不同反映了城市资源管理方式的重大不同，处于比较劣势的深圳市要采取措施改进财政支出结构。

3.深圳要大力提高行政效率和效益,发展"网络政府",同时降低行政人工成本。

4.土地资源的高效利用是城市发展的方向,深圳要继续走土地规模开发的道路,不断提高土地利用效率。

5.在商业土地使用效率较高,城市流动人口数目较大的情况下,深圳可以继续发挥全国旅游城市、珠三角中心城市的优势,大力发展商业、旅游、休闲等产业。

6.深圳要加强城市资源的集约化利用,注重水、电等资源的科学合理利用,降低单位 GDP 能耗、水耗,逐步走上科学可持续发展道路。

注:

本研究所用数据,来自圣何塞市、加利福尼亚州官方网站及美国商务部经济分析局2000—2005 年间公布数字;深圳市的有关数据均为 2000—2005 年间政府年鉴公开数据。

对两座城市资源利用效率进行比较时,为了有较强的可比性,中美货币汇率按 2005 年中间汇率 1 美元 = 8.27 元人民币进行换算比较。

第二章　城市黄金发展的方向

第一节　城市发展方向再认知

现代城市的发展经历了功能城市→经济城市→生态城市→文化城市几个阶段(单霁翔语),一步比一步高级,一步比一步升华。城市的本质,应该具备多重功能:第一,政治中心或行政中心;第二,经济中心;第三,科教中心;第四,交通中心;第五,信息中心;第六,文化中心;第七,旅游中心。

一个城市只强调单一功能,忽略城市历史沉淀和现实资源,割断了城市文脉的发展,割断了城市历史,丢弃了城市传统,割裂城市这个有机体的发展和演化,也就麻木了现在,放弃了城市未来。从世界城市的发展历程来看,没有哪个单纯的经济城市会具有强烈的吸引力和永恒的魅力。

城市的多重功能有机结合在一起,才有可能把最有竞争力资源的影响力、号召力拧成一股绳,使文化、旅游中心的功能得到不断强化,才能形成一个完整的城市,一个文化性很强的城市,一个有魅力的城市,一个可持续发展的城市。

菲利普·科特勒博士说:"对于每一个城市来说,几乎都是以国民生产总值来衡量城市的发展。但是,要对一个城市的发展度进行衡量,不仅要从经济的角度,而且要从国民的幸福感,从城市犯罪率的高低,以及国民的健康度等其他社会指标进行衡量,特别是要从文化价值的角度进行广泛衡量。"

与经济因素相比,文化特色更能决定一座城市的吸引力。环观世界,越是文化品位高雅、文化积淀深厚、文化特色鲜明的城市,就越被视为理想的人居城市。举世闻名的"音乐之都"维也纳、"影视之都"洛杉矶、"时尚之都"巴黎及"水上之都"威尼斯等城市,都是以独一无二的文化特色取胜,并与当地的气候、地理、生活习俗相适合。让城市的历史与现实、外形与内涵浑然一体,绵延不断,让人觉得只有到了这个地方,才能体会这个地方独有的东西。

她们在许多方面呈现的唯一性,凸显出这些城市的个性魅力,成为一面旗帜,一种标志,受到人们的关注、推崇、赏析和珍视,由此形成城市的文化品格和文化魅力。

在经济文化一体化的时代背景下,丰富和独特的城市历史文化资源将为城市发展提供强大的后发优势,为城市经济社会快速发展提供重要的动力支撑。20世纪一些城市衰落的重要原因,就是这些城市的文化内涵不足,城市本身未能形成休闲旅游体验元素,没有形成文化的差异性,致使其在自然资源耗竭以后,只能走向没落。

第二节　文化资源的广延性研究

国家的强大,最终的表现是文化的强势。城市的强大,同样也表现为文化的强势。

孙家正说:"城市绝不是钢筋水泥的建筑群体和工业加工贸易

的聚集，城市是有着灵魂和记忆的生命体。它存在着，生长着，不断地给予我们以舒适、便利和精神上的慰藉。人类社会的终极追求是文化，城市的本质功能也是文化，从这个意义上来说，城市是文化的容器。经济是城市的基础，文化是城市的灵魂。"

在城市，文化不是一个抽象的概念，事实上，文化留存于城市空间的每一个角落，融会于城市生活的全部过程和每个细节。人创造了有形的城市，城市反过来又以无形的方式陶冶人、塑造人。无论是有形的城市面貌，还是无形的城市精神，都是一定的文化使然。文化系统和城市系统的内部都是一种系统的、有机的、相得益彰的共荣相生的关系。

文化如水，滋润万物，悄然无声，缺少文化品位和文化底蕴的城市，难以满足旅游者和居民日益增长的休闲要求，也就不是一个健全的适宜于居民生存和发展的城市。因此，文化特色是一个城市让人们留下最深刻印象的原因，是城市文化的魅力所在，也是城市文化的生命力所在。文化是吸引力，更是竞争力。

在已崛起的世界著名城市中，大多形成了城市产业文化化，完成了城市资源的整合，形神兼备。

所谓形，就是城市的规划布局、色彩基调、建筑样式、街道、景观，表现为城市外在的风貌气度；所谓神，就是蕴含在城市历史和现实当中的文化内涵，闪耀着一个城市独有的内在品格和气质，拥有独特的城市魅力。这是城市在竞争中的唯一性优势，是一个城市的生命力、凝聚力和创造力之所在。

"在科技高速发展的今天，城市的建筑、雕塑、设施都可以进行复制和模仿，但城市精神是不可能被复制、被模仿的。"（孙家正语）形神兼备的城市魅力，由历史沿革、经济发展、地理特征等多重因素

共同作用、长期演化而来，不但是城市形象的标志，而且是城市经济
社会发展的助推器。如巴黎、罗马。

进一步说，城市不仅是悠闲的，更应该是优雅的，优雅不光是一
个城市硬件建设，也包括城市的市民素质、文明程度等内容。人们愿
意来，更愿意再来，来了就不想走。

只有尊重城市的历史，善待城市的文化资源，对文化资源进行很
好的保护与继承，才不至于在城市建设中失去自己的城市文脉和城
市个性，才可以使城市本身成为一个独特鲜明的"意象"；才能赶上
从信息时代向体验时代演进的潮流，才能满足"走进历史，感受人
文，体验生活"的要求。

第三节　体验时代的人类需求发展方向

文化竞争将成为新世纪城市战略轴心。在从工业城市向文化城
市演进的过程中，只有学会战胜文化的挑战，才能得到最佳发展。

21世纪，世界性的需求普遍转移，物质性的需求退居其次，精神
体验的需求跃为主导，日本、韩国的经济再度崛起，就是满足了新世
纪的新需求。

21世纪，是注意力经济，从浪漫之都巴黎、音乐之都维也纳到动
感之都香港，当代各种经济要素流动的今天，哪个城市最受关注，哪
个城市就有最大吸引资源的可能。

21世纪，全世界收入最高的行业，不是石油，不是汽车，更不是
房地产，而是文化旅游业。文化旅游业是中国最早参与国际水平分
工的行业，也是最有发展前景的行业。

中国政府已将旅游业确定为国民经济新的增长点,形成继房地产、汽车之后的中国第三大经济支柱性产业,并对发展计划提出了具体指标,即 20 年的持续倍增计划:旅游总收入每年增长速度要保持在 11%以上,翻三番,最终达到 8 倍增长。2020 年旅游收入将超过3.6 万亿人民币,占国内生产总值的 8%。

就单个城市而言,抓住旅游业这个发展机会,创建城市旅游吸引力,不仅需要把旅游业当成一个产业发展,更要把城市本身作为一个旅游目的地来发展,形成城市的自身特点,而不能走传统旅游城市单独发展景区的道路,这样才能充分发扬旅游业对于城市建设的带动作用。

建设旅游目的地,首先要建设独特的吸引系统,城市旅游吸引的源泉所在就是差异性。以现有旅游区(点)为核心,包括城市的名胜古迹、自然风光、民俗风情、历史事件、文学作品等,经过包装都可以成为城市文化品牌,构成城市独有的文化内涵反映地方文化特色。关键的一点,是要找准富有城市个性和特色的优势文化资源。将发展的重心由经济增长转移到提升城市品质,包容的城市文化统率所有资源,而不是依靠城市的个别功能或者资源被动发展。

其次,是建设完备的服务系统,"行、游、住、食、购、娱"六大要素在城市建设中需要全面发展,成为城市的有机组成部分。

据世界旅游组织测算,旅游业每直接收入 1 元,相关产业就可增收 4.3 元,第三产业产值相应增加 10.2 元之多,旅游业的直接和间接产出比例大约为 1:1.75。

建设城市服务系统还有更深层次的意义,城市让生活更美好,这是一个永恒的主题,城市建设归根结底是要为人服务,要满足人们日益增长的物质需求和精神文化需求。目前,中国的法定假日在 120

天左右,城市生活的 1/3 都处于休闲状态。这就意味着一种新的生活方式——休闲生活方式已经产生,也就意味着一个新时代的来临——休闲时代的来临。同理,城市资源的 1/3 也应该相应地转化过来(魏小安语)。如果城市缺少文化品位和文化底蕴,不能满足旅游者和居民相应增长的文化消费要求,也就不是一个健全的适宜于居民生存休闲和发展的城市。

第四节　西安城市发展定位的案例研究

旅游专家称:西安是出旅游极品的地方。

区域交通枢纽,区域金融中心都不能体现西安的核心和长久竞争力。

西安的科技优势明显,西安有 3000 多个科研机构;有 93 个国家级的重点实验室,有 29 个国家级的测试中心、技术研究中心,有 25 所本科高校,有 40 多位两院院士。但西安不能只打科技牌,许多高新技术产业,更多的是实用技术。工业发展水平多数处于国际产业链的末端,处于国际垂直分工中的下游。

打科技牌比不过上海、北京。和广州、深圳比广场,和上海比大厦,西安不可能超越。

这是对城市竞争力的现实关注!

经过对比可以发现,西安,千百年历史的沉淀,依然是最弥足宝贵的财富。

西安作为一个具有 3100 多年建城史的世界四大古都之一,是东方文化的源头之一,西安的文化资源具有世界性、民族性、地域性的特征。她发轫于西周,形成于秦汉,繁荣于盛唐。周秦汉唐,中国历史上最强盛的朝代都建都于此。周有沣京、滈京,秦有咸阳宫、阿房宫、兵马俑,汉有汉长安城,汉长安城有未央宫、建章宫、后宫、长乐宫,唐有大明宫、长安城。这些历史建筑,目前都还皆有遗址或地面遗存。华夏文明之花在西安的大地上盛开了 1700 年,尤其是唐代长安城以其丰富的文化创造力和开放包容的胸怀,使中西文化在这里充分交融并远播世界。

"秦中自古帝王都"。重振古都雄风,比打造西部硅谷更实在。

历史给西安留下的文化遗产,内在厚重感是西安独有的品格和气度。

西安是世界的大古都之一。西安要发展,就要依靠"古都"这个核心竞争力。

一、城市发展定位案例

有了优势资源,城市也要学会如何科学运用。

西安有了"古都"这一核心竞争力,不能只用来卖"文化凉皮"①。

如果十三朝留下的遗产各自为战,彼此竞争,互相冲抵,西安将陷入内耗,城市发展将无从谈起。

巴黎、罗马的经验表明,历史文化遗存的保护,完全可以成为推动社会进步、经济发展、人民生活提高的动力和资源,文化名城也完全可以通过保护性地开发创造新的辉煌,特别是在经济文化一体化的时代背景下,丰富和独特的城市历史文化资源将为城市

---

① 凉皮,是一种陕西小吃。

发展提供强大的后发优势,为城市经济社会快速发展提供重要的动力支撑。

深厚的历史文化遗存和丰富的人文资源储备,具有发展文化产业、实现吸引旅游的先天基础条件和内在根基。在做好保护性工作的前提下,充分利用这种有利条件,深入挖掘和整合城市的人文资源,探索周秦汉唐历史文化遗产的深度挖掘,拓展城市的文化产业,变文化优势为经济优势,是西安实现历史文化名城再次辉煌的科学选择。

西安据此提出了国际化、市场化、人文化、生态化的发展理念,立足为广大市民创建一个好的生活休闲环境。确立了把西安建设成为具有历史文化特色的国际性现代化大城市的目标定位。城市规划、产业构建、园林绿化、建筑、雕塑、基础设施都应该围绕这个目标进行。

二、西安的功能定位

世界历史文化名城;国际旅游目的地城市;亚洲知识与技术创新中心;东西方文化交流中心;新亚欧大陆桥中国段国际装备制造业转移的主要承接地。

第三章　黄金发展中的城市经营问题

第一节　城市经营制度安排刍议

对城市经营进行有效的制度安排,可以从根本上把城市经营纳入城市经济运作系统,发挥城市经营的最佳效益,避免整体局势失控,保障城市经营的可持续进行。因此在探讨城市经营制度安排的初期阶段,首先应该对城市进行顶层制度设计,使得城市经营制度系统保持内在一致性,并使整个经营活动保持可预见性和连续性。

一、城市土地经营的制度安排

城市土地储备制度是城市土地经营的第一步。现有的土地储备制度是指由城市政府委托或授权的机构通过征用、收购、置换、土地整理等方式,将城市土地集中起来,进行前期开发,然后有计划地将储备后的土地重新投入市场的制度安排。

应该说,城市土地储备制度是一种规范城市用地行为,是保障国有土地保值、增值以及土地资源发展权的制度安排。当然,任何一种制度都不能解决所有问题,因此对于土地储备制度还需要进行创新。

从世界潮流来看,各国政府正在逐渐退出市场,成为服务型的政府。因此，土地储备中心的性质应该逐渐走向事业性，作为政府对土地资源监管的部门，具有事业单位的法人资格，代表政府制定有关土地回购、储备、出卖的政策、行规和条例，负责对国家土地资源的安全、保值、增值进行监督管理，不直接进入市场进行回购、整理、储备和经营，而应该把真正的经营职能交给土地发展公司去做，发展公司具有土地经营的权力，也就是把"生地"变为"熟地"的开发权力，但是，发展公司只是代表政府意志的准企业，并不具备回购、储备和出卖的绝对权力，市场和用地者之间能否达成买地和补偿协议，则基本上属于一种市场行为。

土地经营的绝对权，也就是产生利润的环节是由政府、发展公司、用地者和农民多方共同拥有的，任何一方的高额利润都会受到其他三方的制约。这样由政府（土地中心）、发展公司（运营商）、买方企业（用地者）和市场卖方（农民）共同形成的土地回购、储备和出卖的结构具有众多的好处。

第一，由土地中心、发展公司、用地者和农民形成了一个相互制约的土地经营链条，任何一方不可能垄断经营；第二，杜绝政府在土地经营中的不法行为，为廉洁型、服务型政府奠定了制度基础；第三，政府一监到底，既可以保证土地经营的方向和城市规划的一致性，同时因为政府的超脱，可以通过相关的价格调控机制进行限制，能够对房地产价格起到一定的平衡作用；第四，提高了市场的地位，能够比较好地保障失地农民的利益，等等。

二、城市环境保护和治理的制度安排

目前，城市环境保护正在走向市场化运作，虽然一些基本的问题并没有解决（像环境的产权界定），但是城市经济扩张和城市化的进程已经把城市环境推入了经营的范畴,而且,由于制度设计时对城市环境保护缺乏应有的关照,致使环境保护的制度安排成为当今愈演愈烈的城市经营过程中的一个缺位环节。

环境问题的特征之一是它们产生在没有所有者(充其量只具有相对"拥有权")的背景中。由于缺乏所有权,导致了对环境的忽视或过度利用,以至于出现"公地悲剧"。因此,必须把市民主体纳入"二元结构",即通过具体的地理边界把区域环境的保护和治理委托给区域的市民,让他在保护自己权益的同时,通过地理边界的渗透和扩散,带动城市整体环境的保护和治理。这种采取政府、市场、市民三位一体的环境保护和综合治理结构,兼顾城市总体发展的政府意志、市场配置的经济效益以及市民合理的利益需求,一方面解决了环境的社会归属问题,另一方面通过对私有产权的激励,有效解决了私人利益与公共利益的结合,有利于形成良性的环境保护激励制度。城市区域或局部地理边界的存在,决定了各个利益单位的环保目标是区域或局部的,但环境要素分布在空间上的地理边界却是相互影响的,这就为我们提供了一种思路,即通过整体区域和局部区域利益一体化、协调发展的制度安排实现双方甚至多方利益间的合作,把由整体区域或局部区域管辖引起的环境恶化在区域内部进行优化。城市政府可以把局部区域的环境边界放大到可能危及的领域,采取放大区域、具有法律效应而不仅仅只是走法律程序的公众听政制度,防止环境恶化的外溢。

三、对城市公共产品经营主体的制度安排

对城市公共产品经营主体的制度安排,实际上是对某一经营动机和经营结果的肯定。对城市公共产品的经营,使得政府不得不以

规划、监管、督导的身份参与城市经营过程,但是政府不是企业,它不可能直接参与城市经营活动,而一般企业的趋利性也决定了它不能承担城市经营的重担。这就需要一个介乎政府和企业之间的特殊角色——城市运营商,从事城市经营活动。城市运营商就是在政府的直接领导下,通过有效整合各种社会资源、自然资源,包括政府资源,使其产生最大的社会效益和经济效益。可见,城市运营商是一个双面人,一方面承担政府监管城市资源安全和增值的功能,另一方面要把经营之手伸向市场,使城市资源有效进入市场,参与市场配置。这样的职能定位要求城市运营商必须自觉围绕城市的总体发展目标,结合城市发展的特殊机遇,以市场化的方式,在满足消费者需求的同时,使自己的开发项目能够成为城市建设的有机组成部分。

城市运营商更像是一个风险投资公司,风险投资的利润主要来自于资金的高效运转,所以城市运营商必须有所为,有所不为,拒绝诱惑,建立资金退出机制,确保其高效运转。城市运营商作为介于政府和企业之间的特殊身份,不能越位,也不能缺位。当城市投资发展环境做起来以后,资源升值了,运营商就应该适时退出,把资源的价值实现和创造过程交给后续的市场去进一步配置、完成。城市的多元化经营,不仅保证了城市发展的社会效益,也保证了经济效益的实现,这样的制度设计在政府和市场之间找到了一种较为合理的结合方式,对于进一步规范政府职能,有效利用市场配置机制都不失为一种有效的手段。

第二节　区域政府与运营商之间的关系

一、所涉及的委托代理关系

1.委托代理关系的内容

委托代理理论,即研究一种契约关系的理论,在这种契约关系中,委托人授权代理人在一定范围内以自己的名义从事相应活动、处理有关事务,包括把若干决策权委托给后者,形成的委托人和代理人之间的权能和收益分享关系。构成委托代理理论模型有以下三个条件:

(1)信息的非对称。即代理人因具体操办委托人交办事宜而拥有比委托人更多的隐蔽信息(Hidden Information),使得代理人处于信息优势地位。

(2)契约关系。契约规定委托人与代理人的责、权、利界限以及某一可立约指针(指利润指针)之间的函数关系。

(3)利益结构。委托人如何设计一个代理人能够接受的契约(激励机制)促使代理人采取适当行动,在代理人追求自身效益最大化的同时最大限度地增进委托人的利益,即这个框架中存在一个利益均衡:"委托人的利益实现是建立在自身利益最大化的基础上。"(张永祥,2002)

区域政府与运营商之间则具备了构成委托代理关系的三个要件:存在着既定的信息结构、契约关系和利益结构。

第一,从信息结构看,区域政府的目标函数是制定一系列政策,进行宏观管理,从而实现公共产品的有效配置以及社会福利效用的最大化,而区域运营商则进行具体的实施工作。

第二,从契约关系来看,运营商所需要的基本土地资源是由区域政府批准划拨的,区域政府授权运营商在一定的范围内完成特定的专项,并对此形成契约关系。

第三,从利益结构看,作为委托人的区域政府为了使政策得以贯彻和实施,将会建立优惠的报酬机制,激励代理人尽心尽责,努力达到福利效用的最大化。

第四,从风险角度看。运营商的报酬或收益是与公民和社会的总福利增值相关的(委托代理关系中激励约束条件的基础——总产出不是货币化收益而是非货币化的社会福利),因此他也承担了部分风险。

第五,从激励角度看,如果运营商是一个风险规避者,则让区域政府与运营商分享风险是一种最优的激励安排。也就是说,运营商不应该承担所有的风险。这是因为如果运营商承担了所有与产出相关的风险,他必定会要求区域政府给予他更多的额外的报酬或者收益,为了减少运营商承担较多风险而必须支付给予的风险酬金,区域政府必须让自己也承担一部分风险。

第六,从收益角度看。运营商获得的收益是来自于政府对他产生信任后的稳定合作,政府按照运营商给区域建设带来的价值增加给予一定报酬,在激励机制中政府需要考虑的是运营商的基本酬劳(相当于公司治理中董事会支付给经理人员的工资)、运营商带来超额效益增加后的奖励性酬劳(相当于公司治理中董事会支付给经理人员的奖金)等。从委托代理理论的角度分析,如果区域政府不依赖运营商而独自进行区域的建设、运营将容易导致建设领域的腐败,这正是公共权力委托代理关系失灵的结果,也是政府投资建设项目运营中产生腐败的深层次原因,因此当务之急是构建区域政府与运营商之间的委托代理关系。(罗建华、高峰,2003)同时,区域政府(委托人)将大量建设项目委托给运营商(代理人)完成,区域政府不仅要考虑自身以及委托人的收益,而且还要估计其上游委托人的利益目标(区域政府接受城市政府和市民的委托从事代理经营活动,城市政府和区域政府之间形成了另一层的委托代理关系)。

2.委托代理关系的特殊性

在城市区域发展、建设的过程中,运营商作为政府代理人具有公司法人治理结构中与经理人不相同的明显特征,而这些特征的出现恰恰使得运营商在区域建设中的重要性凸显出来,并且也成为值得深入分析的对象。

区域运营商作为城市区域经营中的政府代理人,具有以下特性:

第一,区域运营商是一个独立的法人组织。在公司法人治理结构中,相对于董事会而言经理人是委托代理关系中的代理人,他们是自然人,是以自然人的身份和公司这种营利组织发生委托代理关系。运营商是一个独立的法人机构而非自然人,在委托代理关系中,它是以自身的资本作为风险抵押金,以组织的效益获取作为代理收益,同时以组织的效益损失作为代理成本。从这个角度分析,区域政府和运营商之间的委托代理关系更像是一种契约合作关系。

第二,区域政府对运营商的监督不涉及运营商的内部管理过程。区域政府与运营商的委托代理关系主要是使运营商按照政府区域规划的目标、要求和计划实施区域经营。而对于运营商内部的经营决策活动,区域政府无权参与。

第三,运营商在区域开发的过程中,必须投入大量资金。在公司治理中,政府之所以选择运营商进行区域经营,一来是为了减少区域经营中的政府行为,加大市场化运作的程度;二来是政府没有能力支付庞大的资金需求。从这个意义上看,区域运营商和区域政府之间的关系不仅仅是一种公司法人治理含义上的代理人与委托人的关系。

第四,运营商在区域的开发建设中必定要投入资金,这正是运营商诞生的主要原因。运营商投入的资金可以分为两个部分:一部分资金的投入本质上是运营商的努力成本的必要构成部分,如同其能力投入一样,这是运营商参与区域经营的最起码的必备要求;而运营商的另一部分投资是在其投入了基本建设所需的资金后,为了在区域经营中获得资金增值而进行的纯粹的投资行为,这部分资金将获得投资收益。

第五,运营商既可能是完全独立于政府的组织,也可能是有政府参股的组织。在现实中,区域政府在区域建设的过程中也会有部分资金的投入。这时就出现了两种情形:(1)区域政府的投资行为是以其委托人的身份进行的,它希望通过资金的投入"扩大生产,提高收益",此时,政府与运营商是两个没有交叉的组织。(2)区域政府的投资行为是其以运营商组织中的股东身份投入的,它希望通过资金的投入换取投资收益。此时,运营商的内部股权结构中区域政府也占有一部分。值得注意的是,此时区域政府在区域经营的过程中其实存在两种行为:一是作为国家土地管理的行政部门,制定宏观政策、区域规划和发展目标等原则性规范,即委托人;二是作为区域开发过程中的实施者,参与具体经营活动,即"代理人"。

综上所述,区域运营商与公司治理中经理人最本质的区别在于它是一个独立的法人组织,并且最关键的是它作为代理人的努力成本中包含大量的资金投入。正是以上特性显得研究区域政府与运营商之间的委托代理关系十分重要。

二、委托代理关系的模型分析

1.不考虑运营商投资行为的模型分析

如果我们将运营商在城市区域的开发经营中投入的资金当作一种其努力的成本,这部分资金就不获得投资收益,在这点上与公司法人治理中的经理人的成本支出相同。因此,本节我们将运营商的努力成本看作 $C(a)$,而不详细区别考虑成本中的资金投入、能力投入、时间投入等。

在区域政府和运营商的委托代理关系中,政府与运营商对风险的态度是各不相同的。由于政策是由城市政府和区域政府等共同制定的,城市政府在此过程中必然要考虑与城市其他区域的政策平衡,因此区域政府是风险中性的,所谓风险中性是指决策者的风险态度既不冒险也不保守。因此区域政府的效用函数可以用以下公式表示:

$$U[E(\bar{x})] = E[U(\bar{x})]$$

公式中,$U(\cdot)$ 表示效用函数,$E(\cdot)$ 表示数学期望,x 表示概率事件的结果。与此相对应的是,运营商由于不获得收益的大部分(假定这种收益是货币化的),因而是风险规避的(risk-averse)。因此,运营商的效用函数可以用以下公式表示:

$$U[E(x)] > E[U(x)]$$

接下来,我们用委托代理模型来分析区域政府和运营商之间的关系。由于区域政府无法完全观测到运营商的努力水平,因此他们之间的委托代理关系是建立在非对称信息的情况下。我们将运营商的行动标记为 a,行动 a 可以是任意维的决策变量,为了描述方便,

假定 a 是代表运营商努力水平的一维向量且是区域政府无法观测到的。假定运营商所有可能的行为集合为 $A,a \in A$;同时可以把 π 看成收益产出,运营商的产出函数假定为: $\pi = a + \theta$,其中 θ 用来描述会影响产出的不确定性随机变量,且 $\theta \sim N(0,\theta^2)$。区域政府提出的激励机制为 $S(\pi)$, $S(\pi) = \alpha + \beta\pi$ 为线性契约函数,其中 $\alpha > 0$ 表示运营商所获得的固定收入, $\beta \in [0,1]$ 表示运营商所分享的产出份额。 $\beta = 0$ 意味着运营商不承担风险, $\beta = 1$ 意味着运营商承担全部风险。区域政府的问题是寻找一个能极大化自身效益目标的 $S(\pi)$,根据观察到的 π 对运营商进行奖惩。

假定运营商的效用函数具有绝对不变的风险规避特征,即 $u = -e^{-1w}$,其中 ρ 是绝对风险规避度, ω 是实际货币收入。假定运营商努力的成本 $C(a)$ 可以等价于货币成本;为了简化起见,假定 $C(a) = ba^2/2$, $b > 0$ 代表成本系数; b 越大,同样的努力 a 带来的负效用越大。那么,区域运营商的实际收入为:

$$\omega = S(\pi) - C(a) = \alpha + \beta(a + \theta) - ba^2/2$$

用 x 表示运营商的确定性收入, ψ 为随机性收入,若 $u(x) = Eu(\psi)$,则称 x 为 ψ 的确定性等价收入(certainty equivalence),可知运营商的确定性等价收入为:

$$E\omega - \frac{1}{2}\rho\beta^2 = \alpha + \beta a - \frac{1}{2}\rho\beta^2\theta^2 - \frac{b}{2}a^2$$

其中, $E\omega$ 是运营商的期望收入, $\rho\beta^2/2$ 是运营商的风险成本;当 $\beta = 0$ 时,风险成本为 0。

用 ϖ 表示区域运营商的最低心理收入水平,它是运营商的一种机会收入,如果运营商的确定性等价收入小于 ϖ,则它对此契约不感兴趣,因而不会参加此项活动。从而运营商的参与约束条件为:

$$(IR) \qquad \alpha + \beta a - \frac{1}{2}\rho\beta^2\theta^2 - \frac{b}{2}a^2 \geqslant \varpi \qquad\qquad 公式(3-1)$$

由于区域政府不能观测到运营商的努力水平 a，他所希望的运营商付出的努力水平只能通过运营商极大化自身效益目标而达到。由于 $a=\beta/b$ 可以使得运营商的收入极大化，因此，

$$\omega = \alpha + \beta(a + \theta) = \frac{1}{2}ba^2$$

$$(IC) \qquad \alpha = \beta/b \qquad\qquad 公式(3-2)$$

为激励相容条件。

假设区域政府是风险中立的，因而对于给定的契约函数 $S(\pi) = \alpha+\beta\pi$，区域政府的期望效用等于期望收入，即：

$$Ev(\pi - S(\pi)) = E(\pi - \alpha - \beta\pi) = -\alpha + E(1 - \beta)\pi = -\alpha + (1 - \beta)a$$

这样，区域政府的行为是选择 a，β（即确定激励机制），在参与约束与激励相容约束条件下，求解最优化问题。（张维迎，1996）

$$\max(-\alpha + (1 - \beta)a)$$

$$(IR) \ \text{s.t.} \qquad \alpha + \beta a - \frac{1}{2}\rho\beta^2\sigma^2 - \frac{1}{2}ba^2 \geqslant \varpi$$

$$(IC) \ \alpha = \beta/b$$

可以求出：

运营商所获得的产出份额的最优值：$\beta^* = \dfrac{1}{1 + \rho b\theta^2}$

运营商的最优努力水平：$a^* = \dfrac{1}{b(1 + \rho b\theta^2)}$

运营商所获得的固定收入的最优值：$\alpha^* = \varpi + \dfrac{\rho b\theta^2 - 1}{2b(1 + \rho b\theta^2)^2}$

从而可知区域政府的最优期望为：$E\omega^* = \varpi + \dfrac{\rho\theta^2}{2(1 + \rho b\theta^2)^2}$

然而上述模型存在如下问题：（1）因为区域政府和运营商信息的不对称，对于效用函数理解不一致，因此运营商的效用函数形式不适合作为已知条件；（2）运营商的确定性等价收入可能不易求得；（3）难以估计运营商的风险规避度。

基于以上原因，在模型中引入概率约束参数替代运营商的参数约束

$(IR): P\{\omega > \varpi\} = p$

p 是事先确定的概率值，这个数值反映了运营商的效用偏好，不喜欢冒险的运营商，可能对 p 值的要求很高。α、β、a 使得概率约束条件成立，它意味着运营商的实际收入 ω 不低于保留收入的概率为 p，同时也表明运营商参与此项经济活动的概率为 p，q 表示运营商不参与此项经济活动的概率，即 $q = 1-p$，y_q 表示标准正态分布表相对应的分位数值。

定理1　若区域政府和运营商之间的关系为：

$$\max_{\beta}(\beta/b - \varpi - \frac{\beta^2}{2b} + y_q\beta\theta)$$

则运营商所获得的产出份额的最优值为：$\beta* = 1 - b\delta|y_q|$，运营商所获得的固定收入的最优值为：$\alpha* = \varpi + 2|y_q|\delta - 3|y_q|^2 b\theta^2/2 - 1/2b$，运营商的最优努力水平为：$a* = 1/b - \delta|y_q|$。（江孝感、王伟，2004）

证明：可将概率约束条件（IR）改写为：

$$P\left|\frac{\omega - E\omega}{\beta\delta}\right| \geq \left|\frac{\varpi - E\omega}{\beta\delta}\right|$$

由概率论的知识可知 $\dfrac{\varpi - E\omega}{\beta\delta} \sim N(0,1)$ ，从而有：

$$\varphi\left|\dfrac{\omega - E\omega}{\beta\delta}\right| = 1 - p$$

又因为：$q = 1-p$，公式中的 $\varphi(x)$ 表示标准正态分布函数。当 p 给定，从而 q 给定，可由标准正态分布表查得相应得分位数值 y_q。

令 $\dfrac{\varpi - E\omega}{\beta\delta} = y_q$，因而 $p > 0.5$ 时，$q < 0.5$，故不妨假设 $y_q < 0$，注意 y_q 越小，q 越小，从而 p 越大，运营商的效用偏好越大、风险规避度越大。再将 $E\omega = \alpha + \beta a - \dfrac{1}{2}ba^2$ 代入 $\dfrac{\varpi - E\omega}{\beta\delta} = y_q$，可得 $\alpha + \beta a + y_q\beta\delta - \dfrac{1}{2}ba^2 = \varpi$，从而具有概率约束条件得委托代理模型得目标函数为：

$$\max_{\alpha \cdot \beta}\left[-\alpha + (1 - \beta)a\right]$$

$$\text{s.t. } \alpha + \beta a + y_q\beta\delta - \dfrac{1}{2}ba^2 = \varpi \quad \text{其中 } \alpha = \beta/b$$

与其等价的最大化问题是：

$$\max_{\beta}\left(\beta/b - \varpi - \dfrac{1}{2}\beta^2 b + y_q\beta\delta\right)$$

求此最大化问题可得以下结论：目标函数对 β 求一阶导数，可以求得 β 的最优值：$\beta^* = 1 - b\delta|y_q|$，从而可以求得 α 的最优值：$\alpha^* = \varpi + 2|y_q|\delta - 3|y_q|^2 b\delta^2/2 - \dfrac{1}{2}b$，则运营商的最优努力水平为：$a^* = 1/b - \delta|y_q|$。证毕。

显然，从最优努力水平可以看出努力成本系数 b 越大、产出后确定性 δ 越大，$|y_q|$ 越大（运营商风险规避程度越大，即运营商不参加

此项经济活动的概率越大），则运营商的最优努力水平越小，反之越大。

运营商的最优期望收入是：

$$E\omega^* = \alpha^* + \beta^* \alpha^* - \frac{1}{2}ba^* = \varpi + |y_q|\delta(1 - b\delta|y_q|)$$

由此还可以得出以下推论：

推论1：运营商收入 ϖ 越大，其最优期望收入 $E\omega^*$ 越大，反之越小。

推论2：运营商努力成本系数 b 越大，最优期望收入 $E\omega^*$ 越小，分值越大。

推论3：对给定的收入 ϖ 与努力成本系数 b，当 $\delta|y_q| = \frac{1}{2b}$ 时，运营商最优期望收入可以达到最大值，即 $E\omega^* = \varpi + \frac{1}{4b}$；当 $\delta|y_q| < \frac{1}{2b}$ 时，区域运营商最优期望收入 $E\omega^*$ 随 $\delta|y_q|$ 上升而上升，下降而下降；当 $\delta|y_q| > \frac{1}{2b}$ 时，运营商最优期望收入 $E\omega^*$ 随 $\delta|y_q|$ 上升而下降，下降而上升。

2.考虑运营商投资行为的模型分析

如果我们将运营商在城市区域的开发经营中所投入资金超过其努力所必须投入的那部分之后的剩余部分当作其投资，这部分资金就应该获得投资收益，并且它希望获得比市场平均收益率高的回报。因此，我们接下来对运营商投资行为的委托代理关系进行分析。

区域经营活动是由三大要素构成的：土地、资金和劳动。城市区域是由区域政府代理管理的（承接市民的委托），由运营商付出努力（劳动）、投资和技术，加上城市区域拥有的土地资源共同来创造利润的(汪贤裕、钟胜,2001)。为了简单起见,我们假定运营商是一个完全独立于政府的营利组织,即政府不参股于运营商之中。同时,假定城市区域的经营是一个多期的过程,在每一阶段(期)政府投入都会发生变化,运营商都会相应投入资金。

(1)运营商单独投资的模型

假设城市区域的开发公有 n 期($n>1$)。在城市区域的经营中,政府所投入的主要是土地资源的使用权,区域内的土地面积是固定的,因此使用 L_t 表示第 t 期政府在区域治理中的投入水平,在这里我们暂且不考虑政府的资金投入行为(因此 L_t 也意味着第 t 期城市区域的土地价值量)。此时,运营商可选择的努力水平集合为 A_t, $a_t \in A_t$,令 θ_t 表示不受政府和运营商控制的、由外界不确定因素决定的随机变量,亦称之自然状态;运营商的投资量为 Z_t。因此,产出 π_t 可以用以下函数表示:

$$\pi_t = Z_t^{\frac{1}{2}} L_t^{\frac{1}{2}} (a_t + \theta_t) = (Z_t L_t)^{\frac{1}{2}} (a_t + \theta_t) \qquad 公式(3-3)$$

假设运营商的不变风险规避度 $\rho_t > 0$。运营商在努力 a_t 下的等价成本函数为 $C(a_t)$,满足 $C'(a_t) > 0$, $C''(a_t) > 0$。为了简化起见,假定 $C(a_t) = \frac{1}{2} b a_t^2$, $b > 0$ 代表成本系数。区域政府对运营商的激励合同为:

$$S_t(\pi_t) = \alpha_t + \beta_t \pi_t \qquad 公式(3-4)$$

其中 α_t 是运营商第 t 期的固定收入, β_t 是运营商第 t 期分享利润的比例,则一般的委托代理关系模型为:

$$\max_{\alpha_t, \beta_t} Ev_t = E(\pi_t - S_t(\pi_t))$$

$$s.t. \quad x_t = E(S_t(\pi_t)) - C(a_t) - \frac{1}{2}\rho_t D(S_t(\pi_t)) \geqslant \varpi_t$$

$$公式(3-5)$$

$$a_t \in \arg\max_{a_t}\{x_t\}$$

式中 Ev_t 是区域政府在第 t 期的期望利润值，x_t 是运营商在第 t 期的确定性等价收入，ϖ_t 是运营商在第 t 期的最低效用水平，$D(S_t(\pi_t))$ 是运营商的收入 $S_t(\pi_t)$ 的方差，$\frac{1}{2}\rho_t D(S_t(\pi_t))$ 是运营上的风险成本。因此，模型公式(3-5)可以转化为：

$$\max_{\beta_t,\beta_t} Ev_t = (1-\beta_t)Z_t^{\frac{1}{2}}L_t^{\frac{1}{2}}a_t - \alpha_t$$

$$\text{s. t. } x_t = \alpha_t + \beta_t Z_t^{\frac{1}{2}}L_t^{\frac{1}{2}}a_t - \frac{1}{2}ba_t^2 - \frac{1}{2}\rho_t\beta_t^2 Z_t L_t \sigma_t^2 \geqslant \varpi_t^2$$

公式(3-6)

$$a_t \in \arg\max_{a_t} \left| \alpha_t + \beta_t Z_t^{\frac{1}{2}}L_t^{\frac{1}{2}}a_t - \frac{1}{2}ba_t^2 - \frac{1}{2}\rho_t\beta_t^2 Z_t L_t \sigma_t^2 \right|$$

由模型公式(3-6)得知：

$$\alpha_t^0 = \varpi_t + \frac{Z_t L_t[(1+\rho_t b\sigma_t^2)-2]}{2b(1+\rho_t b\sigma_t^2)^2} = \varpi_t + \frac{Z_t L_t(R_t-2)}{2bR_t^2}$$

$$\beta_t^0 = \frac{1}{1+\rho_t b\sigma_t^2} = \frac{1}{R_t}$$

公式(3-7)

$$a_t^0 = \frac{Z_t^{\frac{1}{2}}L_t^{\frac{1}{2}}}{b(1+\rho_t b\sigma_t^2)} = \frac{Z_t^{\frac{1}{2}}L_t^{\frac{1}{2}}}{bR_t}$$

式中 $R_t = 1 + \rho_t b\sigma_t^2$

在此模型中，运营商的产值分享比例，即激励因子 β_t^0 与政府投入水平 L_t 和运营商投资量 Z_t 都无关，但是运营商的努力水平 a_t^0 与政府投入水平 L_t 和运营商投资量 Z_t 呈正相关关系。

（2）运营商和政府共同投资的模型

如前所述，城市区域的开发经营不是单期行为，而是多期的连续过程,期间区域土地的价值是不断变化的,且政府也会有资金投入行为。政府的资金投入行为是在获得前一期收益的基础上进行的,即政府通过前一期运营商的努力后,会将收益的一部分资金用于区域经营的追加投入。因此,区域政府在第 $t+1$ 期的总投入可以表述为:

$$L_{t+1} = rL_t + u_t E(\pi_t)$$

其中,r 为土地价值增值比率(r 也可能是小于零的负数),$E(\pi_t)$ 为第 t 期政府投入收益的期望值,u_t 是政府利用第 t 期收益在分配前,用于狭义期资金投资的比例($0 \leqslant u_t \leqslant 1$)。

区域政府的目标不是单期收益的多少,而是整个经营期(设为 n 期)的总收益的最大化。为此,我们建立区域政府进行资金投入情况下的多期委托代理关系的动态模型。

$$f_t(L_t) = \max_{D_t}\{Ev_t(L_t, D_t) + f_{t+1}(T_t(L_t, D_t))\}$$

s. t. $x_t(L_t, D_t) \geqslant \varpi_t$ 公式(3-8)

$$a_t \in \arg\max_{a_t}\{x_t(L_t, D_t)\}$$

$$f_{n+1}(L_{n+1}) = f_{n+1}^0$$

式中 Ev_t 是区域政府第 t 期的期望利润值,L_t 为政府第 t 期的总投入水平,即状态变量,$D_t = (\alpha_t, \beta_t, \mu_t)$ 为决策变量,其分量相互独立。$T_t(L_t, D_t)$ 为状态转移函数,$x_t(L_t, D_t)$ 为运营商第 t 期的确定性等价收入,$f_t(G_t)$ 是政府从第 t 期到第 n 期结束的收入总和,r 为贴现率,f_{n+1}^0 为第 $t+1$ 期的终止条件,其他符号的含义同前。

因此有:

$$Ev_t(L_t, D_t) = E((1 - u_t)\pi_t) - E(S_t((1 - u_t)\pi_t)) = (1 - u_t)$$

$$Z_t^{\frac{1}{2}} L_t^{\frac{1}{2}} a_t - [\alpha_t + \beta_t(1 - u_t) Z_t^{\frac{1}{2}} L_t^{\frac{1}{2}} a_t]$$

$$= -\alpha_t + (1 - \beta_t)(1 - u_t) Z_t^{\frac{1}{2}} L_t^{\frac{1}{2}} a_t$$

$$x_t(L_t, D_t) = \alpha_t + \beta_t(1-u_t)Z_t^{\frac{1}{2}}L_t^{\frac{1}{2}}a_t - \frac{1}{2}ba_t^2 - \frac{1}{2}\rho_t\beta_t^2(1-u_t)^2Z_tL_t\sigma^2$$

公式(3-9)

$$L_{t+1} = T_t(L_t, D_t) = rL_t + u_tZ_t^{\frac{1}{2}}L_t^{\frac{1}{2}}a_t$$

其中,区域政府的目标是通过决策向量 $D = (D_1, D_2, \cdots, D_n)$ 实现 $f_t(L_t)$ 的最大化。可以看出,模型(3-6)是动态模型(3-8)在 $u_t \equiv 0$ 时的特例。而 f_{n+1}^0 则体现了政府对经营期到委托代理关系终止时的一种期望意愿。

由于该模型求解相对复杂,因此我们仅对第 t 期的情况加以分析。在第 t 期政府的目标是以下模型(3-10):

$$\max_{\alpha_t, \beta_t, u_t} Ev_t = (1-u_t)(1-\beta_t)Z_t^{\frac{1}{2}}L_t^{\frac{1}{2}} - \alpha_t + \tau f_{t+1}(rL_t + u_tZ_t^{\frac{1}{2}}L_t^{\frac{1}{2}}a_t)$$

公式(3-10)

$$\text{s. t. } x_t(L_t, D_t) = \alpha_t + \beta_t(1-u_t)Z_t^{\frac{1}{2}}L_t^{\frac{1}{2}}a_t - \frac{1}{2}ba_t^2 - \frac{1}{2}\rho_t\beta_t^2$$

$$(1-u_t)^2Z_tL_t\sigma^2 \geqslant \varpi_t$$

$$a_t \in \arg\max_{a_t}\{x_t(L_t, D_t)\}$$

由公式(3-9),考虑 $x_t(L_t, D_t)$ 对 a_t 的一阶条件和二阶条件,则由模型公式(3-10)的激励约束可知:

$$a_t = \frac{(1-u_t)Z_t^{\frac{1}{2}}L_t^{\frac{1}{2}}\beta_t}{b}$$

公式(3-11)

考虑政府对运营商的参与约束取等号,即代理人的确定性等价收入等于保留效用的等价收入 ϖ_t ,从公式(3-11)可得出政府的总收益为:

$$TCE_t = (1-u_t)E(\pi_t) - \frac{1}{2}ba_t^2 - \frac{1}{2}\rho_t\beta_t^2(1-u_t)^2Z_tL_t\sigma^2 - $$

$$\varpi_t + \tau f_{n+1}(L_{t+1}) \qquad\qquad 公式(3-12)$$

下面对政府在第 t 期的决策变量 α_t 和 β_t 进行分析：

$$\frac{\partial TCE_t}{\partial \beta_t} = \frac{Z_t L_t}{b}\left[(1-u_t)^2 - (1-u_t)^2(1+b\rho_t\sigma_t{}^2)\beta_t + \tau\frac{\partial f_{t+1}(L_{t+1})}{\partial L_{t+1}}u_t(1-u_t)\right]$$

$$公式(3-13)$$

$$\frac{\partial^2 TCE_t}{\partial \beta_t{}^2} = \frac{Z_t L_t}{b}\left|-(1-u_t)^2(1+b\rho\sigma_t{}^2) + \frac{\tau u_t{}^2(1-u_t)^2 Z_t L_t}{b}\frac{\partial^2 f_{t+1}(L_{t+1})}{\partial L_{t+1}^2}\right|$$

$$公式(3-14)$$

因为存在边际递减规律，一般有 $\dfrac{\partial^2 f_{t+1}(L_{t+1})}{\partial L_{t+1}^2} < 0$，则由公式

(3-14)得知，TCE_t 是 β_t 的严格凹函数。由一阶条件，令 $\dfrac{\partial TCE_t}{\partial \beta_t} = 0$ 有：

$$\beta_t{}^* = \frac{(1-u_t) + \tau u_t\dfrac{\partial f_{t+1}(L_{t+1})}{\partial L_{t+1}}}{(1-u_t)R_t} = \frac{1}{R_t} + \frac{\tau u_t\dfrac{\partial f_{t+1}(L_{t+1})}{\partial L_{t+1}}}{(1-u_t)R_t}$$

$$公式(3-15)$$

此时，TCE_t 取极大值。由公式(3-10)可求得：

$$\alpha_t{}^* = \frac{(R_t-2)Z_t L_t\left|(1-u_t) + \tau u_t\dfrac{\partial f_{t+1}(L_{t+1})}{\partial L_{t+1}}\right|^2}{2bR_t{}^2} + \varpi_t$$

$$公式(3-16)$$

$$a_t{}^* = \frac{Z_t^{\frac{1}{2}}L_t^{\frac{1}{2}}}{bR_t} + \frac{u_t Z_t^{\frac{1}{2}}L_t^{\frac{1}{2}}\left|\tau\dfrac{\partial f_{t+1}(L_{t+1})}{\partial L_{t+1}} - 1\right|}{bR_t} \qquad 公式(3-17)$$

将以上三个结果与公式(3-7)进行比较，得知当 $u_t = 0$ 时，$\alpha_t{}^0 =$

$\alpha_t{}^*$，$\beta_t{}^0 = \beta_t{}^*$，$a_t{}^0 = a_t{}^*$，即模型公式(3-6)是模型公式(3-10)的特例。

三、结果讨论

1.几个假定条件的讨论

在以上三个阶段的委托代理模型分析中，其实有一系列的假定条件，它们的存在一方面是为了模型分析的简化；另一方面是隐含着实践中的现状。现进行归纳如下：

第一，假定区域政府和运营商是两个相互独立的组织，即政府没有参股于运营商之中，它无法对运营商的内部决策和控制过程产生影响。运营商与区域政府的相互独立隐含着运营商的投资和政府没有所有权上的联系，运营商的资金投入完全是其"个人化"的行为。然而，现实中，由于城市区域覆盖面积大、区域的发展方向必须符合城市以及国家的政策要求，同时区域的经营需要巨大的资金投入，因此我国区域经营的实践中，区域运营商往往是由政府参股或者控股的，有的甚至本身就是政府的一个部门。

第二，假定运营商的资金投入是其努力成本的一部分，这部分资金不产生投资收益。在委托代理关系中，区域政府投入的资产是土地的使用、经营权，运营商在政府的激励下努力实现区域整体价值的增加，在此过程中运营商必须付出努力。公司治理中，作为代理人的经理必须付出自己的时间、经验、能力等获取报酬。运营商也是如此，只不过运营商在经营土地等资产的同时，付出的努力中还包含投资。这部分资金是作为运营商获得期末报酬的最基本的要素之一，没有投资不可能带来委托人效用的增加，也就不可能获得报酬。在区域项目的经营中运营商投入的资金不能按照其占总投资的比例享有剩余价值索取权。简单地讲,我们将运营商的资金投入看作财务报表中的"成本项"而非"资产项"。

第三,假定运营商的努力给政府换来的是货币性的收益。例如,运营商通过信贷资金开发区域内的某个旅游景点后,可以将这一景点未来 30 年的经营权转移给另一组织或个人,而获得经营权转移的收益,这部分收益减去信贷资金的成本就是委托人的本期货币收益。模型中的这项假定完全是为了分析更加简单。现实中,运营商在经营城市区域的过程中,不仅可以带来货币收益,更重要的是提升了该区域的价值,给市民提供了总福利的增加。另一个值得注意的问题是,运营商参与城市区域经营的目的是获取利润;而政府最终的目的只有一个——就是提高区域价值或社会福利。因此,政府所获得的货币收益必定在未来提高社会福利的活动中予以全部支出。

第四,假定政府也会进行资金的投入。城市区域的经营中,政府也可以不进行投资而完全依赖运营商;但是正如以上第一、第三中所提到的,由于区域经营所需资金巨大并且政府也会获得一些货币收益,因此,政府在必要的时候也会进行投资。政府投资的目的就是协助运营商改善经营状况。值得注意的是,区域政府作为委托人,其资金的投入属于"资本项",他会按照每一项目中投资的比例享有利润分配权。因此,可以发现,该假定条件隐含着政府在前期必须获得货币收益,并且政府当期的投资不会超过其前期的收益总额。这恰恰符合本书建立委托代理关系时的条件,即运营商的出现是政府为了使得区域经营过程完全市场化,政府不会作为国家行政机构进行贷款或抵押融资等。

2.主要结论的讨论

第一,根据以上分析,运营商的努力成本系数 b 很关键,它不仅影响运营商自身的报酬水平,而且也影响区域政府的收益水平。因此,无论是区域政府还是运营商都应该力图改善运营商的努力成本,努力做到区域政府与运营商之间关系的优化。一方面,运营商应该减少其努力成本,例如减少所需资金的获得成本,结合项目本身充分比较不同融资途径的成本,选择成本最低的方式。另一方面,政府也应该积极降低运营商的成本,例如帮助运营商协调银行和国际组织的关系,以求运营商能够以最低的成本获得信贷资金。同时,区域政府也应该加强与运营商的频繁沟通,以使运营商更加了解城市区域整体规划的设想以及政府的要求,降低项目规划的风险。

第二,运营商的最低心理期望收益和风险承担程度(产值分享比例)很关键。一方面,运营商的最低心理期望收益越高,即机会成本越大,它对城市经营的积极性越低。由于运营商不仅要在城区区域内经营私人物品,而且也要负责例如道路、绿化等公共物品的经营,并不是所有的项目都是营利性的,因此区域政府在选择运营商时,应该重点考虑那些心理期望值不过高的组织。另一方面,运营商在经营中的风险承担程度越大,即享有的产出利益分配比例越大,它对城市区域经营的积极性越高。这就意味着,区域政府应该将对运营商激励的重点放在与产出挂钩的"浮动报酬"上,而不是固定报酬部分。

第三,运营商在某期的总收入在政府进行资金投入的情况下是增加的。这个结论有一个隐含的含义,运营商通过参与城市区域经营最终目的是获取收益,因此他们为了追求当期收入的增加往往会努力劝说政府进行资金投入。因此,政府的投资行为不仅对于区域整体经营的产出有积极贡献,同时也可以给运营商带来收入上的增加。从这个角度看,政府应该加大所获货币收益中进行追加投资的比例。

第四,那么政府追加投资的比例应该多大合适呢? 这是一个值得关注的现实问题。模型分析的结论告诉我们,当在某一期对未来投资边际产出率的预期大于 1 的时候,区域政府就应该缩小资金投入的比例了,过大的投资会影响当期的正常激励。也就是说,政府用于投资的资金占上期货币收益的比例应该逐渐增加,直到出现对未来投资边际产出率的预期大于 1 的时候,政府就应该开始调低该比例,否则运营商会因为激励因子逐渐减小而丧失努力的积极性。因此,政府在城市区域的经营中不能盲目地进行投资。

值得注意的是,运营商经营城市区域所需的资金有很多获得途径,运营商可以考虑获得金融机构信贷资金以实现项目的"开发—转让—回收";还可以考虑采引入其他组织和个人资金采用 BOT 等方式;也可以考虑发行债券或者股票。不同融资方式的比较本质上是在进行资金获得的成本分析,这一点的重要性上述已经提到。同时,运营商和政府需要共同考虑的一个重要问题就是收益期的问题,不同融资方式的收益期是有差异的,这种收益的未来不同期间的特性会影响政府资金投入比例的决策。

四、小结

对区域政府与运营商之间的委托代理关系进行了论述。首先,阐明了该委托代理关系的内涵和涉及的内容;其次,通过与公司治理中委托代理的比较,概括了区域政府与运营商之间关系的特殊性,尤其是投资上的关系;再次,建立了三组模型以对运营商单独投资、运营商与政府共同投资,以及多期委托代理关系的比较进行了分析;最后,对模型中假定条件的隐含意义及分析结论进行了讨论。

第三节　案例分析

西安曲江新区位于西安市东南方向,距离市中心最近距离5公里,占地一期15.88平方公里,二期扩大到42平方公里。区域内有大雁塔、秦二世陵、曲江池遗址等文物保护单位,也有大唐芙蓉园、大唐不夜城等新建城市旅游景区等。

曲江新区管委会是政府派出机构,事业单位,企业化管理,在新区内履行市级经济管理权限,与行政区——西安市雁塔区形成独立平行机构,参照开发区体制机制运行。由于这一模式效果良好,截至2012年,陕西省和西安市政府又相继把"法门寺"9平方公里、大明宫遗址区19.16平方公里、楼观台22平方公里、临潼旅游度假区20平方公里委托其开发管理,委托管理面积达126平方公里,形成一种典型的委托代理模式。

曲江新区最早设立于1992年,当时称为旅游度假区。1996年,挂牌运营;2002年,定位为以旅游文化为主导产业的开发区;2004年,正式更名为曲江新区;2005年,定位为以文化产业为主导;2006年,与深圳华侨城同时被授予国家级文化产业示范区。

曲江新区管委会在接受西安市政府委托的同时,自我思路也比较开明,它委托其他企业共同对所管理区域进行建设,自己除建设基础设施和大型主题公园外,房地产开发全部交由万科、中海、金地等国内目前排名比较靠前的房地产企业来做。舍得投入,区内广泛栽植树木,营造优美环境,成为近十年来,中国城市开发比较成功的新区。现以其早期的两个项目策划案为例,说明它们在文化城市建设方面的努力。

图 3-1　曲江早期规划图

一、大雁塔广场

1.广场落成

2004 年元旦,岁首第一天,大雁塔广场落成了!

历史是一幅打开的时代画卷,建筑就是时代画卷的篇章。有的工程代表了一个年代,有的建筑代表着一个时代。

大雁塔广场,220 个工作日,挖掘了 80 万的土方量,铺就了 10 万平米的石材,建成了 6 万平米的仿唐建筑,植种了 310 棵珍贵树木,安装了亚洲第一大水景矩阵系统,铺设了 400 多公里比从西安到郑州还要长的电缆系统,竣工了规模庞大的广场雕塑组群,即长 700 米,高 4 米的浮雕,8 组大型人物雕塑,40 座广场地景浮雕。

2.历史回顾

大雁塔是唐代时玄奘西天取经归来后,亲自制图监造,并负笈运石,他还说:修此高塔,塔高万丈,以显我大唐气象。

有一东渡求法的僧人说:高塔耸于城池之上,与大明宫遥遥相望,"塔势如涌出,孤高耸天宫"。大雁塔引领了大唐盛世两百多年的风骚,然而大雁塔的建造时间仅用了七个月。

早在 1953 年,周恩来总理陪同印度总理尼赫鲁拜谒大慈恩寺时就指示:要保护好民族的瑰宝大雁塔,并强调要改善大雁塔的周边环境。

大雁塔广场建设方案论证用了五个半月,开了几十次的专家论证会,十次主任办公会。建设目标是要让大雁塔广场达到世界级、唯一性、排他性、权威性、传播性之目的。

3.城市之魂

中国的广场很多,大雁塔广场有什么特点与神奇呢?

它古得透。整个广场氛围、结构肌里,宛如顺着大雁塔的根脉生发出来,虽由人作,宛若天开。

它新得高。灯光不会聚集昆虫,因为选用了昆虫看不见的光谱;音乐不会发生衰减,远听近听没区别;喷泉,可旱喷,可水喷,还可以水中喷火;空中爆雷,"来如雷霆生震怒,罢若江海凝清光"。所有的喷嘴都被隐藏起来,不会影响游人的视觉感受。

它人性化。这里所有的景观,人都可以自由出入,草皮不怕踩,有树可乘凉,铜书可站人,泉底宜跑步,室外景观室内化,与人的接触物均采用软质材料,这里还是凳子最多的广场,至少可容纳三千人休憩。

4.两难命题

大雁塔广场的竣工是值得自豪的。为文物古迹的保护,城市更新建设,开辟了一条新路子。

中国城市建设突飞猛进,但如何保存、保护历史文物及传统的城市风貌,又要适合时代精神的现代化城市建设发展,这是一个两难命题。这一命题不仅困扰着中国,而且在19世纪也像梦魇一样纠缠着欧洲的建筑师和政府官员。

巴黎在保护城市风貌上举世闻名,他们用了40年的时间创造了新城德方斯,巴黎人自豪地说:"巴黎五百年前是这样,五百年后还是这样。"

大雁塔广场的建设者,对大雁塔的古迹价值、影响力作了充分认定,对旅游市场的规律特点作了充分研究。

自由女神代表了纽约。

埃菲尔铁塔代表了巴黎。

大雁塔代表了西安。因此,对大雁塔的保护更新工程无论怎么投入,怎么展开,大雁塔的地位与魅力都承受得起。

我们是地球上的旅行者,大雁塔广场将永存。

二、大唐芙蓉园

1.历史

曲江,它始起秦汉,历经隋唐,下启明清,是中国历史上久负盛名的皇家园林。

秦时曲江,湖泊秀美,风景宜人,建有著名离宫——宜春苑。

汉时曲江,三面高冈环绕,江岸蜿蜒曲折,江水浩荡,汩汩北流,宛如天然画卷,成为"上林苑"中最富特色的景区。

隋时曲江,广植芙蓉于水中,易名"芙蓉池","遂成(京)都人游玩观赏之地。"

唐时曲江,"三春车马客,一代繁华地";"三月三日天气新,长安水边多丽人";"曲江水暖花千树","江头宫殿锁千门";"城外青山如屋里,东家流水入西邻"。

唐大慈恩寺塔——大雁塔,像一尊硕大的印章,镶嵌在曲江大地上。"曲江流饮"、"雁塔题名",脍炙人口的经典故事,被千古传颂。

唐时芙蓉园位于都城东南隅,曲江池之东,本名曲江园,隋时为离宫,文帝以其池盛植芙蓉,改名芙蓉园。唐玄宗开元年间,增建紫云楼、彩霞亭等建筑,仍为皇家御园,又称南苑,并设有专用夹道相通。现在的芙蓉园是在遗址的位置上建造的,按有湖有园的曲江景致进行布局。芙蓉园内的紫云楼和彩霞亭为临水观景的最高建筑。

隋初营造大兴城(唐长安城的前身)时,将曲江纳入城池之仙,对水面实行了改造,广植芙蓉于池中,改名"芙蓉池","林竹丛翠,莲沼盘游","遂成(京)都人游玩观赏之地",具备了都市风景区的雏形。

经过隋唐几代皇帝的不断经营修建,曲江在唐玄宗开元天宝年间进入极盛时期。此时的曲江,"谷转斜盘径,川回曲抱原",集"爽原"、"高岗"、"芳甸"、"沼池"、"沙洲"等众多地貌类型于一园之中,跨原带隰,城绕堤围,湖泊绵延,"烟水明媚,花卉环绕",形成了以曲江池为中心,由曲江池、芙蓉苑、杏园、大慈恩寺、黄渠等诸多景观组成的大型风景游览区。如果加上曲江水流、水系所覆盖的诸街坊,其范围几乎占尽了唐长安城东南近一半。

"安史之乱"中,曲江的一些景观和建筑遭受破坏,但很快得以恢复,又延续发展了一百三十多年,直到唐末再次被焚毁而彻底衰落。

杏园在曲江池西,有数十亩杏花盛开,曾有所赞曰"异香飘九陌,丽色映千门","映云犹误雪,照日欲成霞",是唐代进士举行诚庆宴和百姓游玩的场所,在当时极负盛名。紫云楼建在芙蓉苑墙之上,紧临水面,皇帝可以在此居高俯览曲江全景,也是曲江的标志性建筑之一。

芙蓉苑是曲江风景区的精华所在,景物极佳。《太平御览》记载,芙蓉苑"占地三十顷,周回十七里。苑中广厦修廊,连亘屈曲。又有修竹茂林,绿被风阜,东坡下有凉堂,堂东有临水亭"。

2.现在

大唐芙蓉园作为曲江遗址区内的首建唐文化主题公园,具有打造品牌,示范带动的重要意义。大唐芙蓉园是具有文化遗址保护利用性质的,以古典皇家园林为背景,以盛唐文化为主题的公园。

大唐芙蓉园包括唐文化观光、大型演出娱乐、休闲度假、民俗游艺、旅游购物、会议接待等六大系列功能。

(1)大唐芙蓉园的规划上,重点放在以下几个方面

①做好水文章。②做好大型主题演出的文章。③做好古典皇家园林文章。④做好盛唐感受文章。⑤做好夜景文章。⑥做好传统节令活动文章。⑦做好周末休闲度假和小型会议旅游的文章。⑧做好宣传推介文章。

(2)大唐芙蓉园中的主要项目及景点

紫云楼、唐集市、贡品一条街、御宴宫、芳林园、杏园、仕女馆、曲江流觞、陆羽茶社、丽人行、牡丹亭、芙蓉池、贵妃汀、桃花坞、玫瑰园、花港观鱼、樱花谷、茱萸台。

陆羽茶社是展现唐代茶文化,并使游客感受闲情逸致、领略自然

之美人文景观。其经营理念是树立"茶道文化始于大唐"的形象,以茶为依托,带动茶文化研究及茶器开发等相关产业链的发展。它主要由茶圣馆、茶道屋和水云轩三个建筑单体构成。

曲水流觞是芙蓉园内展示文人饮酒文化的自然休闲景点,它是以酒文化形式表现文人寄情山水,探求生命深层意义的真趣。

杏园是唐代进士文化、仕途(士大夫)文化展示区,主要从"学、官、仕"三方面体现。

仕女馆是主题公园内的唐代女性文化主题展馆,它是逼真唯美的文化展馆,展示独领风骚的女性风貌。它由望春阁、沉香阁、霓裳阁、英姿阁和风月阁分别展示参政、史传、服饰、体育和爱情等五大主题内容。

紫云楼是目前中国唐朝皇家园林中规模最大的一个遗迹再现楼。它是公园的主题楼、大唐文化的宝库楼、曲江美景的点睛楼,是全园的核心,是芙蓉园中最精彩的建筑展示,更是盛唐文化的集中汇合点。它由百帝游曲江、长安回望厅、盛唐阔景厅、盛唐乐舞厅和登高留墨厅等五大主题区构成。

御宴宫是以唐文化为包装、以 Party 文化为特色的体验式大型餐饮宴席园,它是曲江芙蓉园对外经营的独立区。它在餐饮中演绎盛唐文化,引领餐饮新概念。它将打造两万平方米的经营面积,使其成为中国最具特色的 Party 餐饮园,也将成为西安人举办婚宴、寿宴的首选地,西安的旅游餐饮中心,中国仿唐宴基地。

芳林园再现唐朝客栈、馆舍,它以唐代建筑与文化为内涵,依托芙蓉园的环境优势,打造成为西安住宿接待及会议举办的特色地,是一个具有五星级标准的精品酒店。

唐集市是以体验、参与、消费为内容的唐代风俗文化街。进唐集市购买商品,可获得"三重"体验:唐风、唐韵的总体商业文化氛围体验,商品制作过程中的参与心理体验和商品交易过程中的文化心理体验。内容设置上主要有手工艺、民艺、百戏、戏剧、占卜、饮食、茶酒文化、美术书法等八大方面。

贡品街是以"弘扬中国传统文化"为经营理念来展示中华历史文化和促进中国文化与世界交流的交易平台,同时又是以贡品的唯一性和极致性,营造一种珍品文化交易平台。它是集文化、商贸于一体的历史风貌再现。它主要由历代贡品博展厅、贡品研发馆和贡品销售店三大部分组成。

第四章　城市黄金发展期的传播

第一节　城市区域营销广告效应分析

在城市营销过程中,促销及广告宣传相对于其他营销策略具有更加重要的意义,因此研究营销过程中的广告效应及策略既是核心问题又是制定其他营销策略的重要基础。这就要求城市营销主体采用不同的广告渠道来面对不同的城市产品需求,而不同的媒介对不同消费者的影响方式和影响程度又有不同,传统的广告效应模型需要结合城市营销的特点进行改进。与研究城市营销的产品扩散问题相类似,在此我们需要解决的问题一方面是城市营销广告效应模型的宏观整体形式,另一方面是微观上的广告策略。对于前者我们以城市营销所面对的顾客和产品这一广告效应的决定因素的基本特征为前提来分析,对于后者我们以折现和认知这两个普通产品广告效应的主要约束为前提来分析。

为研究问题方便,我们可以假设四类人作为某特定城市主要的潜在顾客:旅游者、工作者、居住者、投资者(Kotler,1993),他们的消费决策主要分别决定于城市的旅游资源、工作机会、基础设施、市场环境等因素。针对四类潜在顾客,比较有效的广告途径分别是电脑网络、专业机构、电视广播、报纸杂志。城市产品、广告媒介与潜在顾客之间的关系参见图4-1。

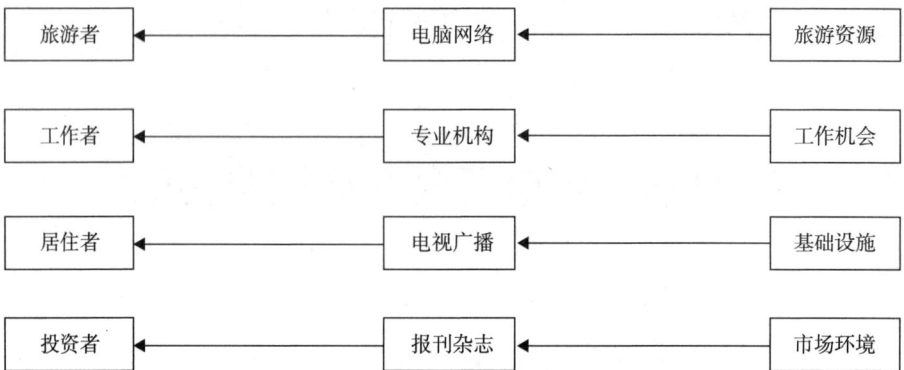

图 4-1　城市营销广告影响图

一、产品约束条件的城市营销广告效应模型分析

1.城市产品特征分析

城市营销过程中实际情况往往是,不同的潜在顾客具有不同的多重消费倾向,例如:特定潜在顾客可能同时是旅游者和投资者。从城市营销者的角度来看,不但需要了解旅游者、工作者、居住者、投资者等"名义"消费者的市场潜力,更需要把握实施消费行为的"真实"消费者的市场扩散规律。如图 4-2 所示,四类"名义"潜在顾客实际产生于两类"真实"潜在顾客。因此基于城市营销潜在顾客的复杂性,其核心问题应该是研究一、二类顾客的市场变化同广告效应之间

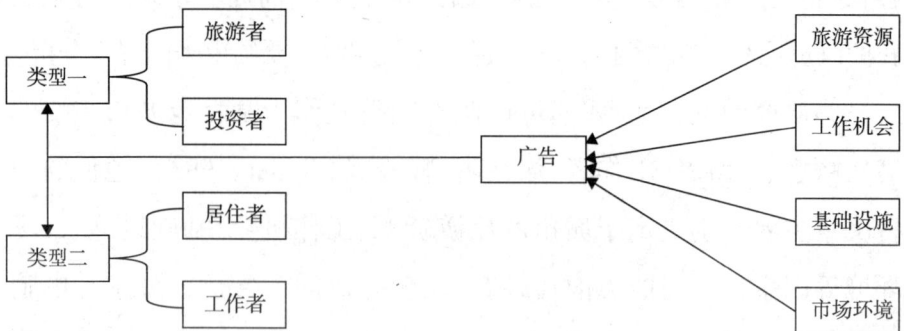

图 4-2　统一广告模型图

的关系。

我们假设城市产品潜在消费者可以划分为 p 类,对应于我们所关心的变量(例如消费水平)其指标值依次为 $X_1, X_2, X_3, \cdots, X_p$,样本容量为 n,样本可以理解为我们获得的足以反映整体市场状态的个体的总和,即:

$$X = \begin{bmatrix} x_{11} & x_{12} & \cdots & x_{1p} \\ x_{21} & x_{22} & \cdots & x_{2p} \\ \cdots & \cdots & \cdots & \cdots \\ x_{n1} & x_{n2} & \cdots & x_{np} \end{bmatrix}$$

对以上矩阵进行标准化处理:

$$Y_j = \frac{X_j - E(X_j)}{\sqrt{Var(X_j)}}, \qquad j = 1, 2, 3, \cdots, p;$$

得到标准化矩阵:

$$Y = \begin{bmatrix} y_{11} & y_{12} & \cdots & y_{1p} \\ y_{21} & y_{22} & \cdots & y_{2p} \\ \cdots & \cdots & \cdots & \cdots \\ y_{n1} & y_{n2} & \cdots & y_{np} \end{bmatrix}$$

计算矩阵 X 的相关系数矩阵:

$$R = \begin{bmatrix} r_{11} & r_{12} & \cdots & r_{1p} \\ r_{21} & r_{22} & \cdots & r_{2p} \\ \cdots & \cdots & \cdots & \cdots \\ r_{p1} & r_{p2} & \cdots & r_{pp} \end{bmatrix}$$

其中:

$$r_{ij} = \frac{\sum\limits_{k=1}^{n} (x_{ki} - \bar{x}_i)(x_{kj} - \bar{x}_j)}{\sqrt{\sum\limits_{k=1}^{n}(x_{ki} - \bar{x}_i)^2}\sqrt{\sum\limits_{k=1}^{n}(x_{kj} - \bar{x}_j)^2}} = \frac{1}{n}\sum\limits_{k=1}^{n} y_{ki} * y_{kj};$$

$$\bar{x}_j = \frac{1}{n}\sum\limits_{i=1}^{n} x_{ij},\ s_j^2 = \frac{1}{n}\sum\limits_{i=1}^{n}(x_{ij} - \bar{x}_j)^2;$$

$$j = 1,2,3,\cdots,p; i = 1,2,3,\cdots,n$$

求样本相关系数矩阵 R 的特征值。由 $|R - \lambda I| = 0$ 得到样本相关系数矩阵 R 的 p 个非负特征值,由大到小排序后记为: $\lambda_1 \geqslant \lambda_2 \geqslant \cdots \geqslant \lambda_p \geqslant 0$,其对应的正规化特征向量:

$$L_k^T = (l_{1k}, l^{2k}, \cdots, l_{pk}),\qquad k = 1,2,\cdots,p$$

依据以上分析我们求得能反映变量 Y 的线性组合:

$$Z_k = \sum\limits_{j=1}^{p} l_{jk} * Y_j,\qquad k = 1,2,\cdots,p$$

依据我们进行的理论分析,由于"名义"消费者可以划分为不同的类型,那么同种类型的变量之间必然存在密切联系,由此 X、Y 变量中也会存在对应的联系,那么最终可获得的主成分的变量个数必然反映变量的类型数量。如图 4-2 所示,如果我们假设存在两类基本消费者,那么最终变量 Z 的数量应该是 2。

2.城市营销广告效应模型

针对图 4-2 所示情况,由于反映"真实"消费水平的变量 Z 同"名义"消费者的数量 Q 之间都具有密切联系,而后者又有比较明确的函数形式(公式 4-1),因此我们可以基于传统的广告效应模型来推理城市营销过程中的广告效应模型。例如,如果"名义"变量通过消费水平这一特征进行分类,那么我们可以推理消费水平同消费量之间的函数关系。一般来讲,消费者在特定期间用于特定类型消费

的预算约束是固定的,我们可以假设在单位时间内企业的消费次数越多(消费量越大),其单位的消费水平就会越低,即:

$$X = \frac{1}{dS/dt}Xb + c \qquad\qquad 公式(4-1)$$

其中 c、b 是常数,b 表示扩散速度同消费水平的常规比例系数,c 表示每次消费过程的最低消费量,即扩散非常快的情况下的 X 值。作为反映"真实"消费量的变量 Z,它与相关的多类"名义"变量 Q 之间关系应该是:

$$Z_k = S_{k1} + S_{k2} + \cdots S_{kw}$$

其中:$w = \frac{p}{k}$,这里我们假设类型是平均划分的,而且可以均分。

由公式 4-1,我们得到:

$$X = -\frac{b}{\lambda V}e^{\lambda t} + c \qquad\qquad 公式(4-2)$$

由以上分析得到:

$$Z_k = \sum_{j=1}^{p} l_{jk} * \frac{X_j - E(X_j)}{\sqrt{Var(X_j)}}$$

由于我们所选择的样本基本能反映变量的整体信息,因此由 Z_k、Y_j、X_j 之间的关系我们可以推论变量 Z、Y、X 之间的关系,我们假设:

$$E(X_j) = g\ ;\ \frac{1}{\sqrt{Var(X_j)}} = h$$

由公式 4-2,我们得到:

$$Z_k = h(l_{1k} * (X_1 - g) + l_{2k} * (X_2 - g) + \cdots l_{jk} * (X_p - g))\ ;$$

$$Z_k = h\sum_{j=1}^{p} l_{jk} * X_j - hg * \sum_{j=1}^{p} l_{jk}\ ;$$

$$Z^k = h \sum_{j=1}^{p} \left[l_{jk} * \left(c - \frac{b_j}{\lambda_j V_j} e^{\lambda_j t} \right) \right] - hg \sum_{j=1}^{p} l_{jk} ;$$

$$Z_k = - h \sum_{j=1}^{p} \left(l_{jk} * \frac{b_j}{\lambda_j V_j} \right) * e^{\lambda t} + h(c - g) \sum_{j=1}^{p} l_{jk}$$

分析上式可以发现,其基本形式与传统的广告模型的主要差异在于:普通产品广告效应模型表现为负指数函数形式,而以"真实顾客"为基础的城市营销广告效应模型服从正指数函数形式。

二、折现约束条件下的城市营销广告效应模型

虽然广告投入的形式可以划分为很多种,但最经典的形式是波动和固定投入两种方式,区分两种广告在不同环境下的优劣和适用性具有非常重要的意义。以下我们先考虑折现约束条件下的以广告效应为基本目标的两种基本广告投入形式的比较。

1.折现约束分析

Andrew(2002)通过总结已有的实证研究成果发现,广告函数的形式既可能是凹形的,也有可能是 S 形的。即:

$\frac{dS}{dt} = \alpha(x) [S(x) - S]$,其中,$\alpha(x) = \beta + bx^{\delta}$,以及:$S(x) = mbx^{\delta} / (\beta + bx^{\delta})$,

其中,$b = \rho / m$,ρ 为广告反映常数,m 是市场潜力。

当 $0 < \delta < 1$,函数为凹形,当 $1 < \delta$,函数为 S 形。城市产品与普通产品相比在广告策略上的一个重大区别是:城市营销过程中的广告必须在城市产品形成或者完整"产出"之前就进行宣传,其主要原因有以下几点:

(1)普通产品的消费决策过程相对比较短,因此企业一般在新

产品上市以后再进行产品宣传,或者在产品即将上市之前进行产品宣传,以避免消费者有购买需求而无法获得产品的情况。相对而言,城市产品所面对的消费者在真正采取消费行为之前都有一个比较长的决策过程。以长期居住者为例,在真正决定入住以前必须花费很长时间收集大量的相关信息,决策过程要参考很多利益相关者的意见,因此城市营销者必须在城市产品入市之前就将应该传达的信息传递给消费者。再以旅游消费者为例,旅游消费相对于普通产品的消费而言是一个非常复杂的过程,需要投入大量的时间和精力,因此往往潜在消费者在今天就开始制订明天的旅游计划,而不是临时作决策。那么对投资者更是如此,投资额重大的项目都需要很长时间的可行性论证,而城市营销者为了更早和更好地成为投资的选择目标之一,就必须做长期的准备工作,广告宣传是必不可少的工作之一。虽然有些复杂消费品的决策过程也比较长,例如家用电器等耐用消费品,但相对于城市产品而言还是短得多,几乎可以忽略不计。

(2)城市产品市场的增长相对是一个缓慢的过程,一方面原因是我们以上论述的产品的决策过程复杂而周期长,另一方面原因是城市产品的消费更容易受到其他外部环境因素的影响,造成目标市场规模的增长相对普通产品要缓慢得多。而城市产品建设所需要的投资又极其巨大,成本非常高,政府和运营商也需要尽快地回收资金,因此城市政府不能采取城市产品建设成功以后再宣传的策略,必须提前进行产品宣传。

广告宣传提前的可能性有以下几个背景:

(1)城市政府的承诺要比普通企业的承诺可信得多,因此政府对城市未来建设的承诺可以成为消费者进行决策的有效依据,也就保证了政府可以在产品形成之前进行宣传。

（2）城市产品的建设（"生产"）是很"透明"的过程,无论是基础设施建设还是项目建设,潜在消费者都可以获得相关信息,因此这一过程的生产者和消费者所拥有的信息是对称的,那么消费者决策就比较有信心。

（3）城市产品的开发一般不存在普通产品新技术开发的风险问题,也就是不会因为技术上的原因而失败,那么对消费者而言依据目前观察到的信息进行决策就不存在太高的风险。

2.广告策略决策

在折现约束的基本模型中,如果 r=0,那么毫无疑问波动策略会优于固定策略,因为两种情况下的曲线形式是相同的,而折现率为零表明零时刻的位置选择不会对比较结果产生影响。对于 r>0 的情况,我们上面已经做过分析,城市产品的前期宣传虽然不会形成现实的市场,但是会形成同将来规模相同的潜在购买市场,但这里的关键问题是这些潜在消费在城市产品真正"销售"之后才能转变为现实需求以及企业的销售收入和利润。如果从纯数学的观点来看,零时刻之前的潜在销售是具有负的折现率的,在此种情况下城市产品和普通产品的广告策略优劣结果是相同的。但是现实中是不太可能发生的,那么零时刻以前的潜在消费的折线率必须全部视为零。虽然固定波动策略和单一策略的零时刻以前的折现率都是零,但由于两种策略的曲线不同,那么必然对最后的比较优劣结果产生影响。依据我们以上的分析,由于折现系数的变化,导致固定广告策略和波动广告策略的收益构成形式都发生了变化：

$$Z_U = \left[\gamma \int_0^{t_-} U(t)\,e^{rt}\,dt - \int_0^{t_-} De^{rt}\,dt \right] + \left[\gamma \int_{t_-}^{\infty} U(t)\,e^{-rt}\,dt - \int_{t_-}^{\infty} De^{-rt}\,dt \right];$$

$$Z_p = \sum_{n=1}^{\infty} e^{-r(n-1)T} \left\{ \gamma \left(\int_0^{t_1} g_n(t) e^{-rt} dt + \int_{t_1}^{T} f_n(t) e^{-rt} dt \right) - \left(\int_0^{t_1} A e^{-rt} dt + \int_{t_1}^{T} \bar{A} e^{-rt} dt \right) \right\}$$

$$+ \sum_{n=1}^{n_-} e^{r(n-1)T} \left\{ \gamma \left(\int_0^{t_1} g_n(t) e^{rt} dt + \int_{t_1}^{T} f_n(t) e^{rt} dt \right) - \left(\int_0^{t_1} A e^{rt} dt + \int_{t_1}^{T} \bar{A} e^{rt} dt \right) \right\}$$

我们首先来确定 t 以及 n_- 的位置,为简化问题起见,我们可以设定城市产品的正式销售开始是在一个波动的循环以后发生的,当然这与城市营销运作的实际情况也相似,因为营销主体总会尽量保持广告策略的连续性。同时,往往同广告媒介的合作合同也都是以循环周期为单位的,因此我们的假定也是符合客观情况的。对固定广告投入而言,位置的划分比较简单,在 t_- 时刻,U 的值为 U(t),这个数值对固定广告策略而言既是潜在市场扩大的终值,也是城市产品实际进入市场以后的正常扩散的初始值,我们可以将其简计为 M。对于固定策略的扩散函数 U(t),由于其服从负指数函数规律,即如果假设 $U(t) = e^{-t}$,那么 $U(t_1 + t_2) = U(t_1) * U(t_2)$,因此我们可以将固定策略的后期扩散看作以 M_- 为初始值的、以 D 为固定投入水平的另外一个扩散过程。那么存在不同折现率的固定广告策略的扩散过程就划分为了两个过程,一个是 M 为初始值的阶段性扩散过程,一个是以为 U(t) 初始值的扩散过程。

同理,我们可以分析波动策略的扩散过程,它也可以划分为两个扩散过程,但两个扩散过程阶段在广告投入的形式上和反映函数的形式上都没有重要区别,它只是会影响循环的次数 n 而已。下面我们来比较 r>0 情况下的两种策略的优劣。我们先考虑两种极端情况,一种是所有的广告投入都在城市产品正式投放市场之前进行,那么这时的情况类似于 r=0 的效果,此时广告波动策略一定是优于固定策略的。相反,如果所有的广告策略类似于普通产品的投放方式,那么此时的效果同普通产品也类似:当 $S_0 < S_t < M$ 的情况下波动策略必然优于固定策略,相反在 r 取较小值的情况下前者最优,而在 r 较大的情况下后者最优。固定波动策略的净现值应该用以下公式表示:

$Z_{UAP} = (\gamma/r)U(D,r) - D/r$,其中:

$U(D,r) =$

$$\begin{cases} S(D) + \varphi r(S(D) - S_t)/(1 - \varphi)(\alpha + r) & for & S_t < S(D) \\ S(D) + r(S_t - S(D))/(\alpha + r) & for & S_t > S(D) \\ S(D) & for & S_t = S(D) \end{cases}$$

由于对于两种策略的投入分配都是平均的(波动策略是以单一波动周期循环为单位的平均),因此在 r>0 的情况下扩散后期的优劣比较结果和普通产品正常情况下的结果是一致的。如果 $S_0<S_t<$ M,那么波动策略肯定会优于固定策略,因为波动策略的净现值是 r 的单调递减函数,所以:

$$Z_p = \sum_{n=1}^{n_-} e^{r(n-1)T} \{ \gamma (\int_0^{t_1} g_n(t)e^{rt}dt + \int_{t_1}^T f_n(t)e^{rt}dt) - (\int_0^{t_1} Ae^{rt}dt +$$

$\int_{t_1}^T \bar{A}e^{rt}dt) \}$ 在 r=0 的情况下取值必然大于 r>0 情况下的取值。那么由两阶段构成的城市产品的扩散过程中波动策略一定是优于固定策略的。

通过以上分析过程我们发现,坐标原点的移动与折现值的变化所发挥的作用是一样的,主要原因是 r 和 t 两个变量一起决定了折现的水平,那么当 r 增加或者减小时,也必然能够找到一个适当的 t 的增加量来保证实际的折现水平。因此在标准扩散曲线基础上的坐标原点移动可以等同于以下过程的综合:

对于固定策略:(1)M 值发生变化,变化水平为 U(t);(2)折现水平发生变化,变化幅度为 e^r;S_t 发生变化,但其实际水平就是 U(t)。

对于固定波动策略:(1)M 值发生变化,变化水平为 M_{n+1};(2)折现水平发生变化,变化幅度为 e^r;(3)S_0 由 $S_{0,1}$ 转变为 $S_{0,n+1}$。一般来讲,$S_{0,n} = c\{1 - (-q)^{n-1}\}/(1+q) + (-q)^{n-1}S_{0,1}$,

其中,$c = S(A)e^{-\alpha(T-t_1)} \cdot \{1 + (\varphi/(1-\varphi))e^{-\alpha t}\} + S(\bar{A})(1 - e^{-\alpha(T-t_1)})$

$q = (\varphi/(1-\varphi)) \cdot e^{-(\alpha t_1 + \bar{\alpha}(T-t_1))}$

经过以上分析,折现约束条件下的城市营销广告策略的比较就转换成以上两种标准广告效应函数的比较。

三、认知约束条件下的城市营销广告效应模型分析

我们从折现净收入的角度探讨了两种典型广告策略在城市营销过程中的优劣问题。当然,折现净收入不是判断广告策略的唯一标准,在不同的产品扩散阶段广告宣传所追求的目标不同,那么判断广告策略优劣的标准不同,城市营销过程中对广告分配的形式就会发生变化。

1.认知约束分析

由于不同的广告策略在不同时刻所产生的认知水平不同,可以通过不同广告策略反映出的曲线下面的区域面积来比对广告策略的优劣。特定时刻的认知水平有效反映了当时可能的潜在市场和现实市场的水平,虽然计算曲线下面的面积会存在认知的重复计算问题,但是如果考虑的重复购买因素,计算面积的方法就具有实践意义了。也就是说,对特定(潜在)消费者而言,虽然其在一定时期内(包括很

多时刻)会保持一定的认知水平,造成认知水平的重复计算,但是我
们可以认为在任何时刻的认知水平都可能产生新的购买行为,那么
任何时刻的认知都是有效的,从而使用面积来反映总体的广告策略
的效果应该说还是更符合实际情况的,以上的分析过程我们可以通
过下图来表示。

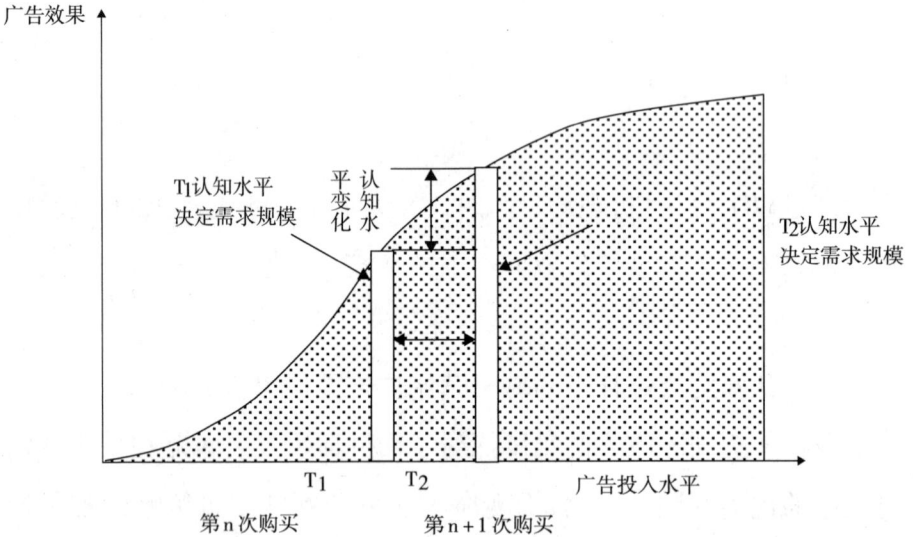

图 4-3 广告效果分析

总体投入水平是: $\int_0^T u(t)\,dt = \bar{u}\sum_{i=0}^{k-1}((i+\alpha)T/k - iT/k) = \bar{u}\alpha T = B$ 。

根据 Mahajian, Andrew(2002)的研究,可以通过以下公式反映广告的
整体效应: $dA/dt = f(u)(1-A) - bA$;其中 A 是 t 时刻获得认知的目
标市场规模,f 是广告影响函数,b 是遗忘系数。我们可以注意到上
面公式的前半部分 $f(u)(1-A)$ 反映了认知积累的过程,后半部分
bA 反映了认知遗忘的过程。为简化问题,我们可以假设 A(t =
0)= 0。

基于以上分析可做如下设定：$f(u)=f(\bar{u})$；$f(\bar{u})=x$。在企业以 $\bar{u}$ 作为广告水平进行投入期间：$A(t)=A(iT/k)e^{(x+b)(iT/k-t)}+x(1-e^{(x+b0(iT/k-t))})/x+b$；在不做广告期间，$f(u)=0$，$A(t)=A((i+\alpha)T/k)e^{b(i+\alpha)T/k-t}$。一般情况下，在广告的投入期结束以后，消费者认知不会立即结束，仍旧会在市场上停留一段时间，我们考虑广告的整体效果也应该将此部分内容纳入，因此由于 $f(u)=0$，所以 $dA/dt=-bA$，那么由 k 个波动组成的广告波动策略的总体认知产生水平是：

$$R_k=\int_0^T A(t)\,dt+\int_T^\infty A(t)\,dt=\int_0^T A(T)+A(T)/b$$

根据 Andrew（2002）的研究结论，R 的具体形式应该是：

$$R_k=\alpha xT/(x+b)+x^2(1-e^{-\alpha(x+b)T})/b\,(x+b)^2，其中：$$

$$B=(1-e^{-\alpha(x+b)T/k})/(1-e^{-(\alpha x+b)T/k})；$$

$$L=B(1-e^{-(\alpha x+b)T})e^{-(1-\alpha)bT/k}+k(1-e^{-(1-\alpha)bT/k})$$

对于固定投入策略（Even policy），如果我们假设平均的投入水平为 $\alpha\bar{u}$，因此 $\alpha\bar{u}T=B$，我们再令 $y=f(u)$，那么固定投入策略的总体认知水平可以表示为：

$$R_c=yT(y+b)+y^2(1-e^{-(y+b)T})/b\,(y+b)^2$$

2.城市营销特点

从已有的研究结论来看，不同产品对不同广告策略的反映函数形式是决定广告策略优劣的关键。根据我们以上所作的分析，城市产品与普通产品的最大区别在于其产品内涵的丰富性，具体来看，我们可以将城市营销所面临的顾客划分为四类：旅游者、工作者、居住者、投资者。但是城市营销过程的广告宣传往往是采用统一的手段进行的,也就是说不同的目标市场面对的是统一过程和特征的广告投入。但是,由于消费主体、产品和过程的差异,四类主要城市产品潜在消费者的广告反映函数肯定会存在一定差异。由于我们所研究的核心问题是典型的两种广告策略的优劣问题,而这主要与广告反映函数的基本形式和具体形式有关系,因此我们以下重点论述此问题。一般来讲,产品消费有几个比较关键的环节,一个是消费目的,也即消费的内涵;二是消费的主体,即消费者的主观特征,例如冒险程度;三是消费过程,也即消费的决策过程。具体的对外部广告的反映问题还涉及以下几个关键方面:(1)对信息的搜集和处理能力,即能否及时地、全面地获得城市营销商所发出的广告信息以及能否对收集到的诸多信息进行有效的整理和分析,以提供有效的决策支持;(2)外部市场环境,例如竞争的程度以及竞争厂商实施的广告策略,等等。

旅游消费。相对于其他三种消费而言,旅游消费的特点更接近普通产品。主要体现在:(1)旅游产品的创新性是决定顾客吸引力的主要因素,因此在潜在消费者接触到相关的广告信息以后,有一个快速增长的认知过程,但在后期随着产品认知范围的扩大和消费者对产品熟悉程度的提高,认知的增长速度减缓。(2)旅游产品的重复消费的水平比较高,这与普通产品也相类似,但重复消费的频率也会随着产品生命周期的延续而减少,会导致广告反映函数呈现 S 形。另外,相对于组织消费而言,旅游消费作为个体消费的决策过程要简单得多,所投入的时间也相对较少,消费所面临的风险水平也比较低,所以综合以上分析,我们可以判断,旅游消费对广告的反映函数基本上应该呈 S 形。

工作消费。工作消费在这里主要指寻找就业机会、参加劳动等过程。这种消费往往是独立进行的,不一定就伴随着居住地的迁移,随着交通工具的发达,工作和生活在异地进行成为越来越普遍的现象。虽然就具体的消费过程而言,工作消费同旅游消费存在很大差异,但两者的消费决策和认知过程存在很多相似性。从消费者个人的特征来看,往往都有比较明确的择业方向,结合现代信息通信技术的应用,工作消费的决策周期会比较短。在城市开发建设的初期,巨额投资和项目的建设会产生大量的工作机会,因此此地区会成为寻找工作的焦点,工作消费者的认知在城市营销的初期会呈现快速增长态势。在广告效应扩散后期,由于各个行业就业趋向饱和,就业竞争增加,城市逐步失去对外部人员的就业吸引力,从而会导致潜在消费者对广告的反应缺乏积极性。因此从工作消费的基本特征来看,也应该呈现 S 形。但与旅游消费的一个重要区别是,工作消费更多的是理性行为,其决策结果基本不取决于个人偏好或者感受,它本身也是一种经济行为,主要取决于城市的经济发展水平、人力资源状况等因素,因此其消费倾向性变化的速度要相对旅游消费慢得多。因此其反映曲线要相对旅游消费平滑一些。

投资消费。投资消费是纯粹的生产行为,这与以上两种消费截然不同。一般来看,从有意向的投资商获得相关的广告信息开始,到最后实际投资注入,需要一个很长的过程。这个过程既包括决策过程,又包括实际的操作过程。从决策的角度来看,进行投资,尤其是大规模的投资需要考虑当地的市场情况、基础设施情况、所需资源状态,等等,因此信息的收集和处理是一个很长的过程。从运作的角度来看,从厂商决定投资开始到真正投资到位仍然需要经过很多环节,例如涉及相关优惠政策问题、政府部门的审批问题。因此在城市营销广告投入的前期,其广告认知的增长是比较慢的;经历过这一阶段以后,认知水平就会快速增长。从规模经济和范围经济的角度来看,一个区域内的产业规模越大,其越具有竞争力,产业整体的竞争力也是产业内企业竞争力提高的基础,因此随着具有明显产业经济导向的区域的投资商的不断进入,开始聚集产生正面效应和吸引力,从而导致在产品扩散的中后期吸引消费者速度增加,广告反映函数呈现典型的S形的后期特征。从决策风险的角度来看,对旅游消费而言,基本不存在实际意义上的风险,所谓的风险也就是消费期望没有得到充分满足,没有达到满意标准。但对投资消费而言,由于是经济行为,因此必然存在投资失败的风险,由此导致投资消费决策的风险规避特征要明显得多,而旅游等消费甚至有可能是风险偏好的倾向。而风险规避必然会导致投资商在广告投入前期持观望态度,在后期才能体现出广告效果。因此,综合以上分析,投资消费的广告反映函数将呈现比较明显的非S形特征,即凹函数。

居住消费。从消费特点上来看,居住消费更类似于投资消费,而与前两种消费有比较大的差异。住地迁移或者购买房产对一般家庭来讲都是非常重要的决策,因此它同投资消费一样需要一个很长时间的决策过程。而且对特定区域而言,一般不会存在重复消费问题。由于居住消费决策的主体主要是家庭整体,虽然它不像企业这样的组织那么正规,但也属于组织决策,因此比较理性。对有些家庭而言,可能购买房产是为了投资,那么从这一点上来看,就更加类似于投资消费。基于以上分析,从广告投入的前期来看,必然符合凹曲线的规律。从广告投入的后期效果来看,与产业经济的规模和范围经济效果相类似,居住地的人气对区域居住消费能产生巨大的吸引力,在合理的范围内,城市区域的人气越旺盛越会带来广告认知的快速增长。而且人气的聚集会促进生活服务设施的建设水平的提高,从而更加提高居住地的吸引力。基于以上分析,在广告投入的后期也会呈现凹函数的特征。当然,与投资消费相比,以上特征的明显程度还存在比较大的差异,因此我们有理由认为:居住消费所呈现的凹函数特征比投资消费要平滑。城市产品顾客消费的特点可以总结为图4-4。

3.广告决策分析

根据:

$$R_k = \alpha xT/(x+b) + x^2(1 - e^{-\alpha(x+b)T})/b\,(x+b)^2$$

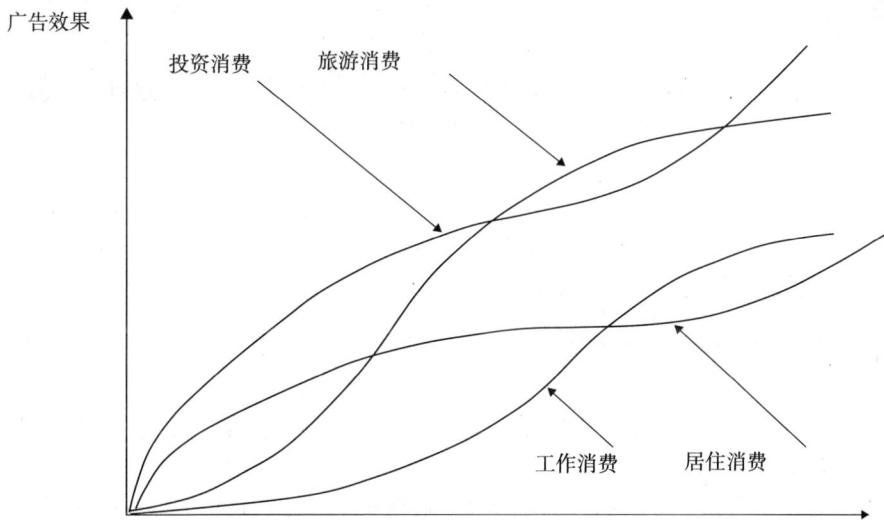

图 4-4 城市产品顾客消费特点

$$R_c = yT(y+b) + y^2(1 - e^{-(y+b)T})/b\,(y+b)^2$$

得到:

$$R^k = \sum_{m=1}^{4}\left\{\alpha x_m T/(x+b_m) + x_m{}^2(1 - e^{-\alpha(x_m+b_m)T})/b_m(x_m+b_m)^2\right\}$$

$$R^c = \sum_{m=1}^{4}\left\{y_m T(y_m+b_m) + y_m{}^2(1 - e^{-(y_m+b_m)T})/b_m(y+b_m)^2\right\}$$

比较以上两个公式可以发现,由于涉及八个变量,直接比较两个

R 总值的大小是比较困难的。但依据我们上一节的研究结论,可以大概估计两个总值的大小,从整体上把握两种策略的优劣,加上对其准确程度可以进行判断,所以此方法是可行的。根据我们上一节的分析,总体广告效应下的扩散规律可以表示为:

$$Z_k = -h \sum_{j=1}^{p} \left(l_{jk} * \frac{b_j}{\lambda_j V_j} \right) * e^{\lambda t} + h(c-g) \sum_{j=1}^{p} l_{jk}$$

为简化以上问题,我们令: $-h \sum_{j=1}^{p} \left(l_{jk} * \frac{b_j}{\lambda_j V_j} \right) = w$; $h(c-g) \sum_{j=1}^{p} l_{jk} = p$

依据: $Z_k = we^{\lambda t} + p$ 以及 $dA/dt = f(u)(1-A) - bA$,这里,Z 与 A 相对应。

我们求得(我们为了简化问题,可以设定四类广告衰减系数相同):

$$f(u) = \frac{\lambda we^{\lambda t} + be^{\lambda t}}{1 - we^{\lambda t}}$$

因此目前的关键问题就转化为判断以上函数是否呈 S 形状来比较两个等式的优劣。根据判断 S 形函数的必要条件: $y = f(\overline{\alpha u}) < \alpha f(\overline{u}) = \alpha x$ 。

只要保证: $f(\overline{\alpha u}) = \dfrac{\lambda we^{\lambda \alpha u} + be^{\lambda \alpha u}}{1 - we^{\lambda \alpha u}} < \dfrac{\alpha(\lambda we^{\lambda u} + be^{\lambda u})}{1 - we^{\lambda u}}$ 。

四、小结

城市营销广告效应模型的特点有三:遵从产品约束、收入折现约束及产品认知约束。首先,通过构建"名义"消费者同"真实"消费者之间的联系,确定了城市营销广告效应模型的基本形式。它与普通产品广告效果扩散形式的主要区别是表现为正指数函数形式。其次,基于资金折现这一主要原则,结合城市营销广告提前投入这一基本特点,提出了波动策略同固定策略优劣比较的判断方法。最后,基于广告初期认知问题的重要性,结合城市消费者决策过程的特点,构造了两种城市营销广告策略优劣判断的基本方法。

第二节　区域传播实践

一、曲江路线(《西安晚报》2004 年 8 月 15 日)

1.新路线

路线至关重要。路线是轨迹,是路径,是方向,是纲领。"经济起义","文化突围"。经过 10 年的发展,曲江视野廓清,使命明确,纲领确定。一条明晰的路线如日月行轨,江河行游,呼之欲出。

这是一条新文化路线,新旅游路线,新生活路线,新办公路线,新城市发展路线,新生态路线,新礼宾路线,新历史主义路线,新国际化路线。一言以蔽之,以文化旅游为主导产业,以市场化、科技化为手段,整合历史文化、旅游资源,整合国际一流的策划、规划、建设、管理团队,整合经营理念、经营网络,把曲江建设成为一个国际化、人文化、生态化、现代化的卓越的城市新区。这就是曲江发展的总路线。

(1)新文化路线

文字、文化、文明,世界因文化的多元而异彩纷呈。文化立区,文化产业化,文化娱乐化,文化大众化。

将唐文化、佛文化、民俗文化、园林建筑文化等熔于一炉,构成独特的曲江文化,这就是曲江的新文化路线。

这条新文化路线表象于十大文化工程,即:

以大雁塔北广场、大唐芙蓉园、大唐新天地、唐城墙遗址公园为载体,建设盛唐文化工程;

以大唐芙蓉园和新区景观一体化为载体,建设园林建筑文化工程;

以大慈恩寺、青龙寺及周边开发为载体,建设佛文化工程;

以西安广电中心及《大唐芙蓉园》电视剧拍摄为载体,建设影视娱乐文化工程;

以大唐芙蓉园御宴宫和世界上最大的素食斋为载体,建设饮食文化工程;

以陕西历史博物馆、西安国际展览中心为载体,建设文物博览中心;

以寒窑和中华民居博览园为依托,建设民俗民居文化工程;

以环曲江的越野竞技大道为依托,建设体育休闲文化工程;

以画家村、文学馆、老西安博物馆为依托,建设艺术表象工程;

以"曲江论坛"为载体,建设曲江国际文化论坛。

曲江的建设,

将突出一种文化——西安所特有的古都文化;

将张扬一种个性——大唐盛世的精神风貌;

将成就一种大业——把西安做成中国的"名片"。

(2)新旅游路线

观光、休闲、体验,旅游业从"二战"后兴起,便循着规律演进。

兵马俑代表了观光时代;夏威夷代表了休闲时代;然而真正代表未来的是黄金海岸、迪士尼、嘉年华等体验旅游项目。它刚露出端倪,就锐不可当。

曲江将开辟一条改变西安旅游产品结构的新路线。

这是一条文化旅游路线,她连通了大雁塔北广场(唐文化)、南广场(佛文化)、大唐芙蓉园(唐文化)、大唐不夜城(综合历史文化、现代文化和中外文化)、唐城墙遗址公园(商旅文化)、老西安博物馆(市井文化)和中华民居博物园(民居文化)。

这是一条娱乐商贸旅游路线,她连通了大唐不夜城、欢乐世界、丝绸之路风情园。

这是一条生态旅游路线,她连通了曲江南北湖和杜陵万亩生态林。

她铺展开了一幅连接丝绸之路、融合东西方文明的"清明上河图"。

正如时任西安市委书记袁纯清所说:"曲江的开发,为西安如何把单纯的观光式旅游与体验式旅游相结合,如何把文物资源和历史文化由点到面地展开,提供了一个新的概念,新的方向,新的范式,新的路径。"

(3)新办公路线

办公复合旅游、办公复合会展、办公复合商务。曲江在 2003 年 12 月一次推出了八块土地,挂牌拍卖,建设行政商务区。并冠以"新办公路线"的广告牌,出现在西安城市的醒目位置。这是一条抽象的办公路线,又是城市东南方向交通便捷的新办公区的具体路线。

(4)新生活路线

大水(曲江南北湖千亩水面)、大绿(整个新区 60%的绿化率)、阳光(新的建设规范)、运动(18 公里长、80 米宽的运动竞技大道)。这里是西安的"长岛"、西安的"圣陶沙"。

人因环境而高尚,生活因高尚而跃升。这是曲江生活的新追求,这是西安人民的时尚之区、快乐家园。

（5）新经济路线

2004 年上半年,西安境内外旅游人数 1056 万人次,同比增长 104%,旅游业收入 78 亿元,同比增长 36 亿元。而 2004 年与 2003 年相比,仅仅增加了大雁塔北广场和野生动物园两个投资不到 7 亿元的景点。

7 亿元的投入,36 亿元的回报!

设想,大唐芙蓉园、大唐不夜城建成后,整个曲江"大唐华灯照碧云,火树银花不夜天",完全解决了西安夜间的旅游问题,将目前游客的滞留天数从 2.4 天提升到 3.4 天,西安旅游业的收入将直接增加 40%。

图 4-5　大唐芙蓉园夜景园

（6）新礼宾路线

大雁塔北广场开放仅半年,先后接待了多位国家领导人,10 多批国外贵宾,120 多次兄弟省市的参观考察团,370 万人次境内外游客。

大唐芙蓉园尚在建设之中,前来参观者数以万计。

如果克林顿先生再来西安,走过南门的红地毯不来曲江,将是他本人的遗憾。里根也不会下了飞机直奔兵马俑,连西安是什么样都不知道。

礼宾路线,大唐曲江,"不虚此行"。

（7）新生态路线

生态曲江,以生态为纲,环境为体,文化为用。

万亩生态林,台塬起葱茏。

雨污分流,中水回用,喷雾拆迁,区域环保。

天人合一,健康文明,和谐自净,持续发展。

（8）新历史主义路线

大江东去不复回,历史盛况可再复。

历史主义是复原真实,新历史主义是天华合彩,腾古耀今。

三国演义,大唐演绎。

大雁塔北广场、大唐芙蓉园、大唐不夜城,是颂歌盛世的《唐颂》三部曲。

（9）新国际化路线

国际化战略,本土化行动。

国际大师策划,历史专家把脉,国际团队执行。国际观念,国际市场,国际思考,国际手法,直接进入国际水平分工。

"五十年不落后",是国际范围内的不落后。

（10）新城市发展路线

曲江在实践着项目集群、成片开发、经营城市、自我平衡的新城市发展路线。

曲江是以文化旅游为主导产业的城市新区。按城市形态进行建设,"二元经济"要解决,不能再出现"城中村",不能再出现"城市牛皮癣"。

曲江是西安人民的"客厅",这是一片悄悄的却在一夜间改变城市印象的新城市"天际线"。

2.新成就

面对挑战,曲江创新求变。艰难困苦,玉汝于成。

大雁塔北广场扬起了中国文化旅游的一面旗帜。

世界级规划建筑大师汉·库克先生评论"大雁塔广场之于大雁塔和西安,如同金字塔广场之于罗浮宫和巴黎,它的成功堪称世界级的成就"。

大唐芙蓉园是中华历史之园、文化之园、精神之园。

2003年4月,大唐芙蓉园开工建设,由张锦秋院士担纲规划设计。

2004年3月,面对10万平方米的新唐风建筑,两院院士周干峙、工程院院士吴良镛由衷称赞:"这是真正的精品,是中国古典建筑的博物馆。"

3.新策略

巨大的建设成就得益于正确的开发策略。

(1)速度策略

速度是金钱,是效率,速度创造奇迹,速度昂扬城市精神。

三秦儿女的基因血脉中,蕴藏着巨大的城市空间运营能力。

盛唐大明宫的建造,用了1年3个月时间,

伟岸绝伦的大雁塔建造仅用了7个月。

大雁塔北广场的建设同样是速度奇迹:

7个月,也只用了7个月。

这在西安城建史上绝无仅有,被赞誉为"曲江速度,曲江质量,曲江精神"。

(2)产业集群策略

产业集群,是利用同一产业不同项目的外部规模效益,节约成本,创造需求,提高效益。

如何解决游客晚上滞留问题,解决旅游项目"可观赏、可感受、可学习、可体验、可消费"问题;如何解决吸引消费能力最强的家庭游问题,这是曲江旅游产品开发的核心。

要保证不同年龄、不同层次、不同需求的游客在曲江体验旅游,找到快乐,曲江的旅游产业必须要有集群优势。

(3)极品策略

中国旅游专家说:中国的东部是出旅游精品的地方,中国的西部是出旅游极品的地方。因为中国的西部储藏着唯一性、垄断性的旅游资源。

叹奇方能观止,出奇才能制胜。

金门大桥,以世界第一而举世闻名。距金门大桥不远的世界第二大桥,却极少有人知道。93∶7,这就是第一与非第一知名度上的悬殊差异。

坚持唯一性、权威性和排他性,做不大不做、做不精不做、做不绝不做,曲江的项目建设就是要做到"前超古人,后无来者"。

(4)先难后易策略

先难后易,居高临下,势如破竹,事半功倍。

海尔进军海外市场,首选的就是技术水平最高的德国。进军德国的成功,迅速地推动了欧洲、非洲和全世界市场的成功。

曲江的建设也是一样,先高端,后低端。

4.新思维

(1)文化胜负论

大城市以文化论输赢。

经济竞争的核心是文化竞争。

巴黎以浪漫取胜,雅典以奥运取胜。西安以古都取胜。

厦门以"琴韵"名,苏杭以"茶绣"名。曲江以"盛唐"名。

大唐盛世,是 1300 年前的盛世;

中华盛世,是当代盛世。

盛世交融于曲江,

曲江的主题就是盛世中国文化,盛世中国文化就是"盛唐文化"。

(2)策划也是生产力

博鳌,因为策划了一个论坛而闻名天下;

昆明,因为策划了世博会而迅速崛起。

"曲江宣言"是策划,"曲江事变"是策划,"曲江路线"是策划的策划!

大雁塔北广场就是大策划,芙蓉园也是大策划。

曲江管委会段先念主任因此获得了"2004 中国策划最高奖"和"推动中国城市化进程十大杰出贡献人物奖"。

(3)赢家通吃论

微软拥有 WINDOWS,就掌控了全世界的软件产业。

好莱坞拥有电影"梦工厂",称霸世界影坛一百年。

曲江开发,文化坐庄。

(4)山水曲江论

著名科学家钱学森提出了"山水城市论",于是就有了"山水曲江"的规划大格局。

那就是:

"城外青山如屋里,东家流水入西邻"。

"曲江水满花千树","水漫芙蓉不夜天"。

(5)好戏连台论

"盲人"登山,达到顶峰的唯一办法是一步比一步高。

还有那个著名的哲学论断:

"人不可能两次踏进同一条河流。"

面对开发,任何智者都不比"盲人"更聪明。

因此,在不同的"河流"里,成功就必须是"好戏连台"。

好戏连台是一个城市最好的治市之道。

好戏连台就是要创造"旋风式"的亮点。

(6)城市经营论

曲江,从《曲江宣言》发表的那天起,就充满经营的味道。

城市经营,打造城市运营商。实现资产商品化、流动化,土地资本化、市场化,运作公司化、效益化。实现大市场、小政府。

土地经营,要重塑新流程,一次性征地,一次性配套、一次性规划、分批次招商拍卖。这是曲江大开发的制胜"法宝"。

"经营是人生的最高境界",曲江经营以市场为目标,以战略规划为核心,以资源整合为导向。

5.新理想

北京,中国的政治之都,

上海,中国的经济之都,

西安,中国的文化之都。

这就是西安人的理想和抱负。

把历史的曲江献给未来!

把文化的曲江献给盛世!

把生态的曲江献给城市!

把快乐的曲江献给世界!

二、曲江新区城市营销效果调查

为了部分验证本研究提出的城市营销过程中的产品和广告效应扩散模型,在 2004 年年末 2005 年年初本研究以西安市曲江新区(原曲江旅游度假区)为对象进行深入的问卷调查。调查问卷的内容设计主要以模型分析中涉及的变量为基础,同时也考虑到了新区政府未来制定营销策略的需要。调查工作的组织主要依靠经验非常丰富的西安市城调队完成。调查时间集中在 2005 年 2 月 5 日—22 日之间,调查地点是西安市部分著名景点(区),调查对象随机选取。共发放问卷1100 份,收回有效问卷 1001 份,问卷合格率达 91%。

1.数据的基本情况分析

A.被调查者性别:(1—男　2—女)

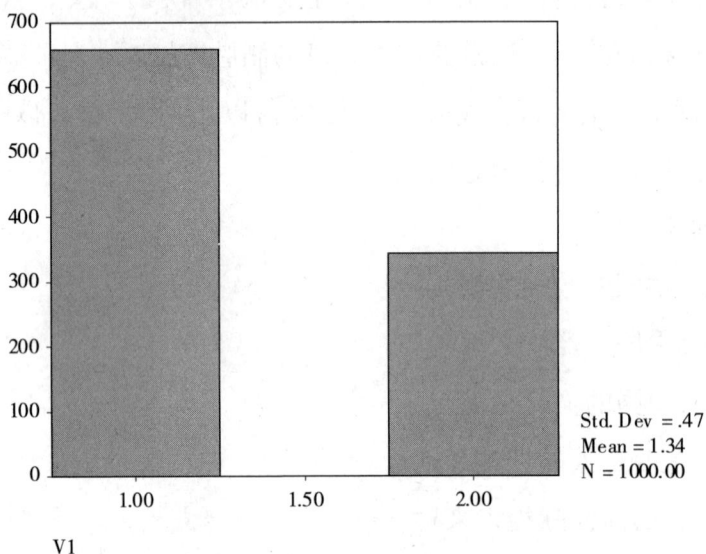

Std. Dev = .47
Mean = 1.34
N = 1000.00

V1

样本性别分布

B.被调查者年龄:(3a/14 岁及以下;3b/15 — 24 岁;3c/25 — 44 岁;3d/45 — 64 岁;3e/65 岁以上)

C.被调查者职业:(4a/公务员;4b/企事业管理人员;4c/专业/文教科技人员;4d 服务/商贸人员;4e/离退休人员;4f/军人;4g/农民;4h/学生;4i/其他)

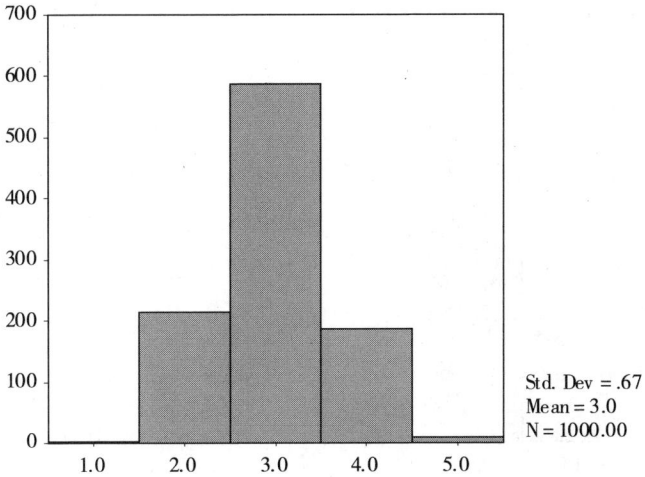

Std. Dev = .67
Mean = 3.0
N = 1000.00

V3

样本年龄分布

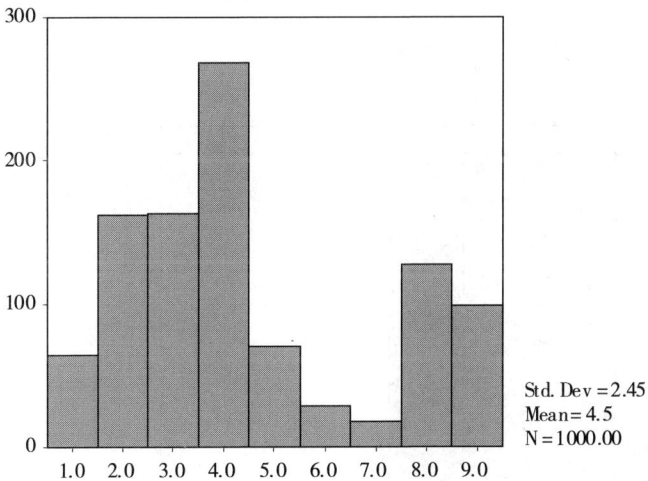

Std. Dev = 2.45
Mean = 4.5
N = 1000.00

V4

样本职业分布

D.被调查者文化程度:(5a/高中;5b/大专;本科;5c 硕士;5d/博士;5e 其他)

E.被调查者月收入:(6a/1000 元以下;6b/1000 — 1999 元;6c/

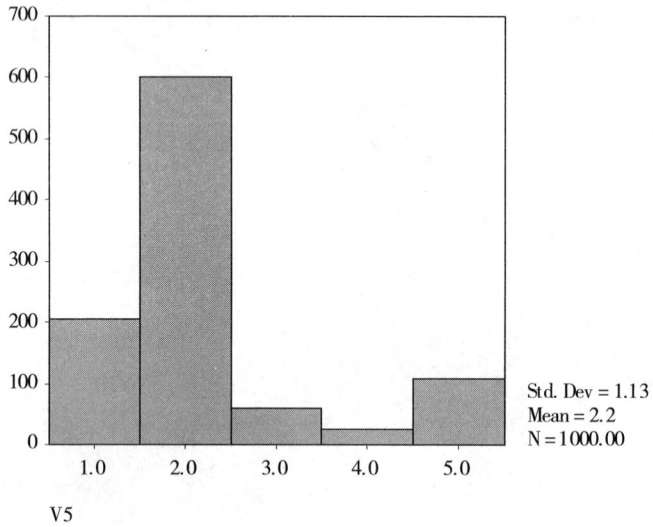

Std. Dev = 1.13
Mean = 2.2
N = 1000.00

V5

样本教育程度分布

2000—2999元；6d/3000—3999元；6e/4000—4999元；6f/5000元以上）

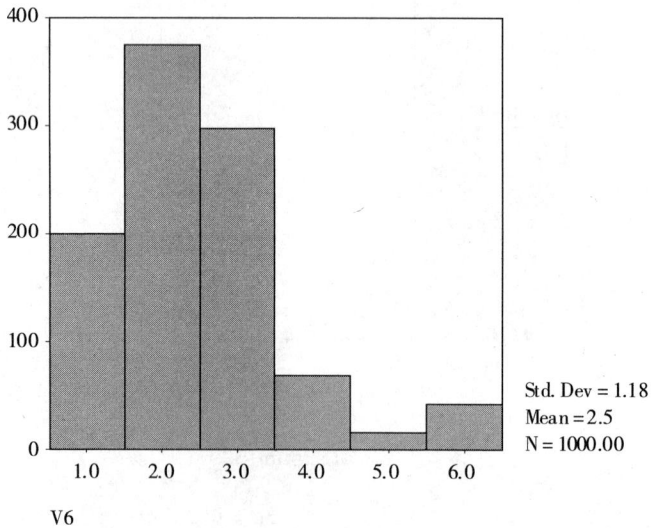

Std. Dev = 1.18
Mean = 2.5
N = 1000.00

V6

样本收入水平分布

F.被调查者来源省份：

不同地区游客构成（单位:人、%）

地区	北京	天津	河北	山西	内蒙古	辽宁	吉林	黑龙江	上海
人数	22	16	40	43	14	27	25	14	31
比重	2.2	1.6	4.0	4.3	1.4	2.7	2.5	1.4	3.1
地区	江苏	浙江	安徽	福建	江西	山东	河南	湖北	湖南
人数	43	10	14	31	34	41	62	28	26
比重	4.3	1.0	1.4	3.1	3.4	4.1	6.2	2.8	2.6
地区	广东	广西	海南	四川	贵州	云南	西藏	陕西	甘肃
人数	32	23	8	56	17	31	2	200	43
比重	3.2	2.3	0.8	5.6	1.7	3.1	0.2	20	4.3
地区	青海	宁夏	新疆	重庆	香港				
人数	19	18	12	13	5				
比重	1.9	1.8	1.2	1.3	0.5				

　　小结:从被调查者的性别分布上来看,男性比例明显高于女性比例,但对于历史人文资源旅游消费一般男女之间没有重大差异,因此样本数据具有代表性。从被调查者的年龄分布情况来看,绝大部分集中在 25 岁至 45 岁之间,这也是旅游消费最活跃的社会群体,因此调查数据可以反映整体情况。从被调查者的情况来看,社会上的主要职业群体,尤其是比较具有城市产品消费潜力的城市职业群体都有比较高的样本量,因此从这一角度来看,样本数据也是有代表性的。从被调查者的文化程度来看,主要集中在高中和大专文化水平,这和社会总体的受教育结构也是相符的。从被调查者的收入水准来看,大部分集中在了 1000—2000 之间,这和全国平均收入水平也是一致的。从被调查者的省份来源来看,除了陕西省相对较高以外,其他省份的水平基本相当,因此从这一角度来看,样本数据也有代表性。

　　2.广告效应分析

　　A.您是通过什么渠道获得相关信息的(可多选):

　　7c1 报纸、杂志　7c2 电视　7c3 广播　7c4 网络　7c5 亲友

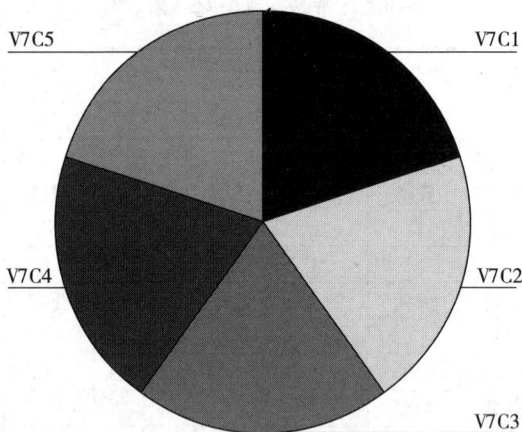

样本广告信息获得渠道分布

B.您第一次听说"曲江旅游区"的时间是：

7b1 2002年1—3月 7b2 4—6月 7b3 7—9月 7b4 10—12月

7b5 2003年1—3月 7b6 4—6月 7b7 7—9月 7b8 10—12月

7b9 2004年1—3月 7b10 4—6月 7b11 7—9月 7b12 10—12月

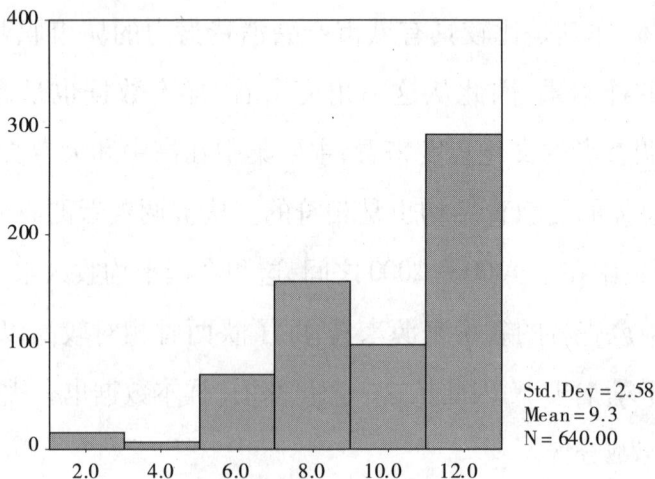

Std. Dev = 2.58
Mean = 9.3
N = 640.00

V7B

曲江认知分布

C.您第一次听说"曲江大唐芙蓉园"的时间是：

10b1　2002 年　　10b2　　2003 年　　10b3　　2004 年　　10b4

2005 年

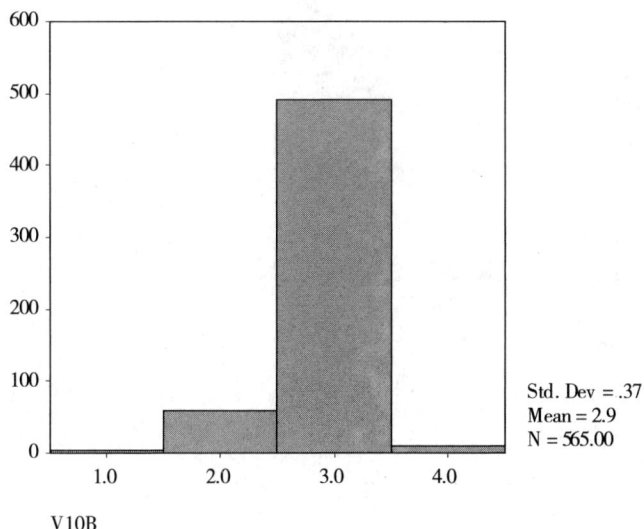

V10B

芙蓉园认知分布

D.您第一次听说"曲江海洋馆"的时间是：

11b1　　2002 年　　11b2　　2003 年　　11b3　　2004 年　　11b4

2005 年

E.您第一次听说"大雁塔北广场"的时间是：

12b1　　2002 年　　12b2　　2003 年　　12b3　　2004 年　　12b4

2005 年

小结:关于广告媒介的数据表明,在曲江新区的城市营销过程中,几种主要的广告媒介都发挥了重要作用,这和模型假设的前提是一致的,从曲江新区整体和其中主要项目"大雁塔北广场"的广告效应过程来看,明显与正指数函数规律类似,这和本研究模型验证的结论也是一致的,当然由于时间阶段划分标准的原因,后者表现得更加

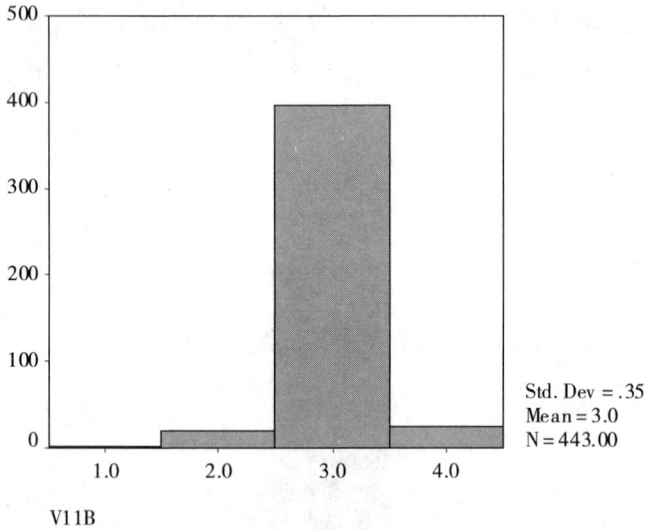

Std. Dev = .35
Mean = 3.0
N = 443.00

V11B

海洋馆认知分布

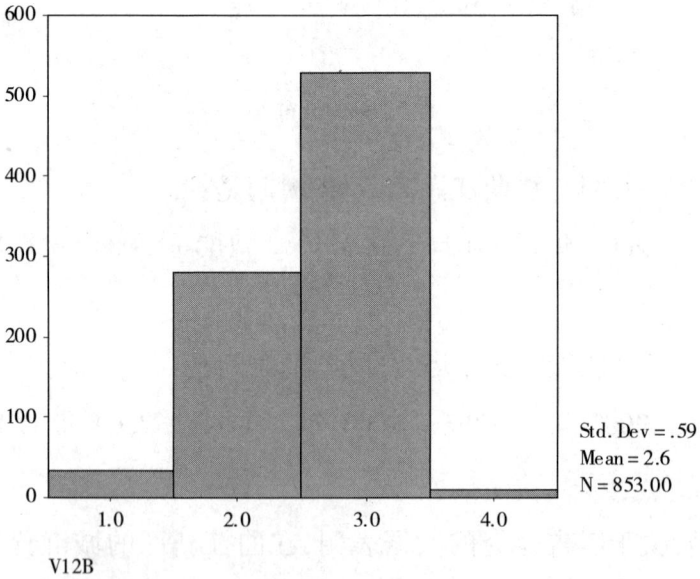

Std. Dev = .59
Mean = 2.6
N = 853.00

V12B

北广场认知分布

明显。对于"曲江海洋馆"和"曲江大唐芙蓉园"两个项目,在调研的时期尚未开放,因此它所包含的数据期间比较短,但基本的形态和已经开放的项目是统一的。

（3）产品扩散效应分析

A.您第一次到"曲江旅游区"的时间是

8b1　2002 年　8b2　2003 年　8b3　2004 年　8b4　2005 年

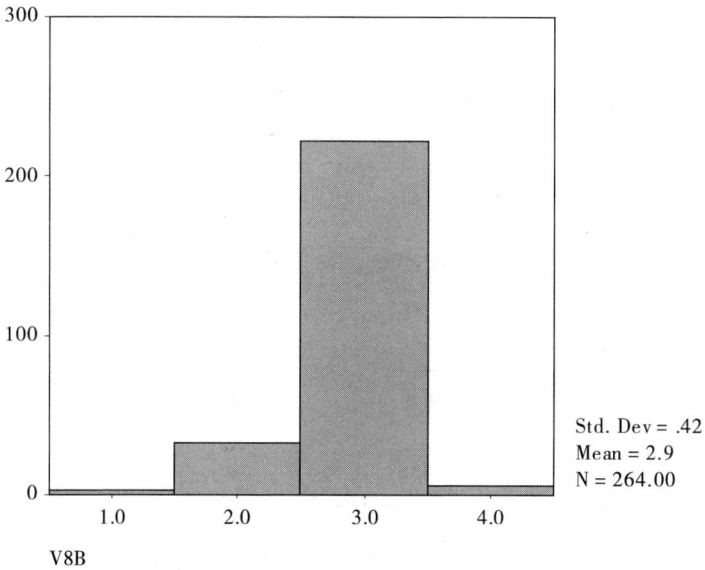

V8B

曲江扩散分布

B.您计划到"曲江大唐芙蓉园"游览吗

10c1 游览　10c2 不游览　10c3 不一定

C.您计划到"曲江海洋馆"游览吗

11c1 游览　11c2 不游览　11c3 不一定

D.您第一次到"大雁塔北广场"的时间是

12c21　2002 年　12c22　2003 年　12c23　2004 年 12c24

2005 年

　　小结:从曲江新区这一整体城市区域产品和其中主要的项目来看,样本数据所表现出的整体扩散规律与我们模型的结论是基本一致的。就曲江新区和大雁塔北广场这两个现实项目而言,其正指数

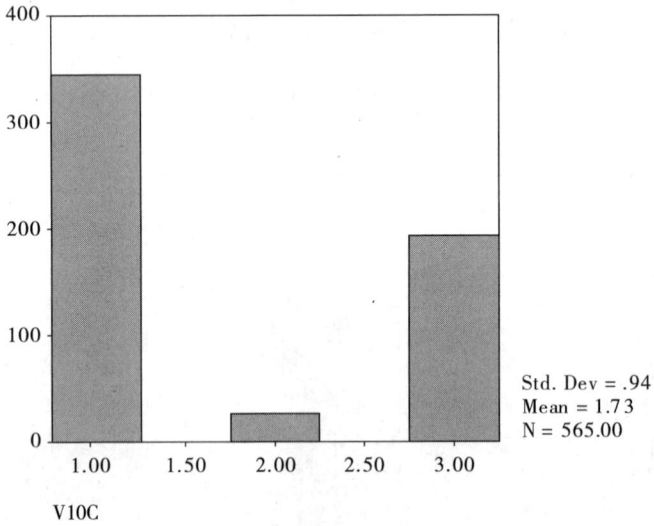

Std. Dev = .94
Mean = 1.73
N = 565.00

V10C

芙蓉园扩散分布

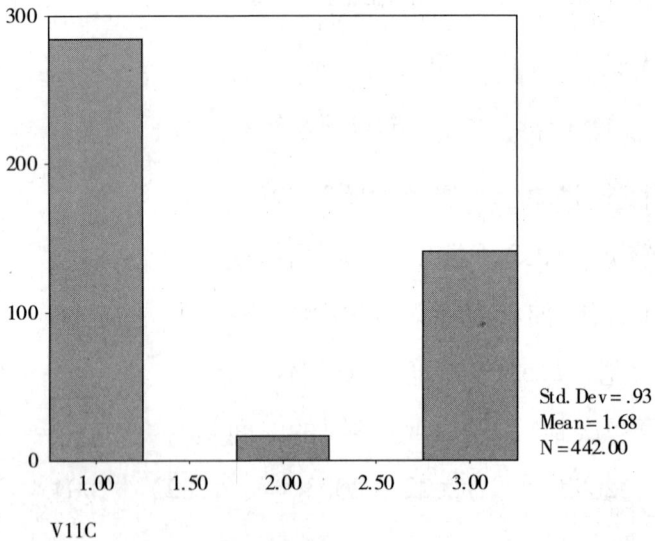

Std. Dev = .93
Mean = 1.68
N = 442.00

V11C

海洋馆扩散分布

的扩散规律非常明显。作为两个尚未开园的项目,海洋馆和芙蓉园我们只能暂时预测未来的消费趋势,通过分析可以发现,其发展前景

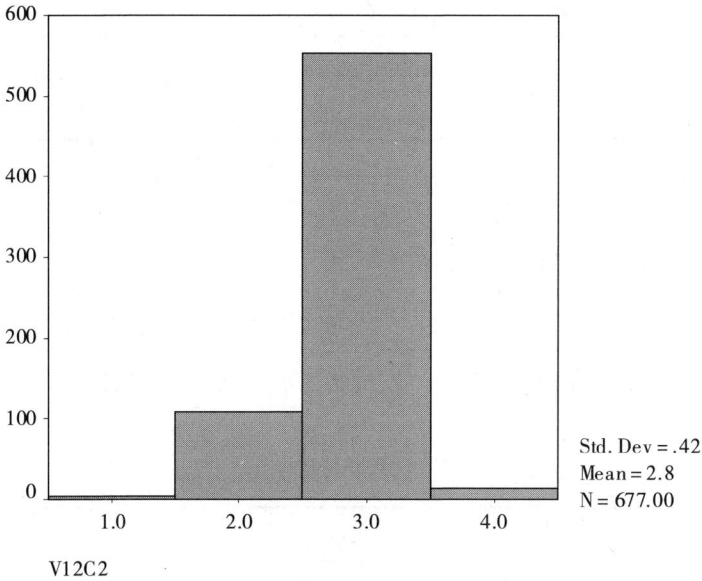

Std. Dev = .42
Mean = 2.8
N = 677.00

V12C2

大雁塔北广场扩散分布

还是比较乐观的。

4.广告效应同产品扩散之间的联系

A.现实联系1:曲江新区整体

下表表明,对于新区整体而言,广告效应和扩散效果之间存在非常显著的相关性。这同城市营销的基本结论是一致的。

现实联系1

Correlations		V7B	V8B
V7B	Pearson Correlation	1.000	.401*
	Sig.（2-tailed）	.	.000
	N	640	253
V8B	Pearson Correlation	.401**	1.000
	Sig.（2-tailed）	.000	.

续表

Correlations		
N	253	264

**. Correlation is significant at the 0.01 level.

B.现实联系 2:大雁塔北广场

下表表明,对于"大雁塔北广场项目"而言,广告效应和扩散效果之间存在非常显著的相关性。这同城市营销的基本结论是一致的。

现实联系 2

Correlations			
		V12B	V12C2
V12B	Pearson Correlation	1.000	.063**
	Sig. (2-tailed)	.	.000
	N	853	676
V12C2	Pearson Correlation	.603**	1.000
	Sig. (2-tailed)	.000	.
	N	676	677

**. Correlation is significant at the 0.01 level.

C.未来联系 1:曲江大唐芙蓉园

下表表明,对于"大唐芙蓉园项目"而言,广告效应和未来潜在扩散效果之间存在非常显著的相关性。这同城市营销基本结论是一致的。

未来联系 1

Correlations			
		V10B	V10C
V10B	Pearson Correlation	1.000	-.102*

Correlations		
Sig.（2-tailed）	.	.016
N	565	565
V10C　　Pearson Correlation	−.102*	1.000
Sig.（2-tailed）	.016	.
N	565	565

＊＊．Correlation is significant at the 0.01 level（2-tailed）．

D.未来联系2:曲江海洋馆

下表表明,对于"海洋馆项目"而言,广告效应和未来潜在扩散效果之间存在的相关性不明显,表明此产品的可接受程度不高。

未来联系2

Correlations		
	V11B	V11C
V11B　　Pearson Correlation	1.000	.009
Sig.（2-tailed）	.	.845
N	442	442
V11C　　Pearson Correlation	.009	1.000
Sig.（2-tailed）	.845	.
N	442	442

5.其他策略意义

A.城市区域影响的总体作用

新区总体有效的扩散和大雁塔北广场之间的扩散结果之间联系非常密切,说明它们互相起到了促进作用;而新区总体和海洋馆之间的关系就不十分明显,这说明海洋馆的定位确实可能存在问题。

带动作用 1

		V7B	V10C	V11C
	Correlations			
V7B	Pearson Correlation	1.000	−.092*	.004
	Sig. (2−tailed)	.	.043	.937
	N	640	482	380
V10C	Pearson Correlation	−.092*	1.000	.670**
	Sig. (2−tailed)	.043	.	.000
	N	482	565	380
V11C	Pearson Correlation	.004	.670**	1.000
	Sig. (2−tailed)	.937	.000	.
	N	380	380	442

∗. Correlation is significant at the 0.05 level (2−tailed).

∗∗. Correlation is significant at the 0.01 level (2−tailed).

B.项目之间的相互带动

下表表明,芙蓉园和海洋馆之间的相互带动作用非常明显,而同大雁塔北广场之间的带动作用不明显,主要原因在于北广场是完全的公益项目,而前两者是完全的商业项目。

带动作用 2

		V10C	V11C	V12C
	Correlations			
V10C	Pearson Correlation	1.000	.670**	−.042
	Sig. (2−tailed)	.	.000	.365
	N	565	380	459
V11C	Pearson Correlation	−.670**	1.000	.076
	Sig. (2−tailed)	.000	.	.136
	N	380	442	387
V12C2	Pearson Correlation	−.042	.076	1.000

Correlations			
Sig. (2-tailed)	.365	.136	.
N	459	387	677

**. Correlation is significant at the 0.01 level (2-tailed).

以西安曲江新区城市营销实践为主要内容,从营销组织治理和营销促销推广两方面总结了有效地以旅游产业为导向的城市区域的营销状况,间接验证了本研究提出的基本模型,为本书提出的城市营销理论模式提供了实践支持。

第二编

探索实践中的创想

　　城市特质大型文化项目策划和建设，是一次次"豪赌"，赌机会成本，还要赌时间和题材。同样一个地区、地块，可以发展工业，也可以发展商业，为什么却要发展文化产业、旅游产业、创意产业？还得有跑得赢物价指数的工程进度。同样是现代服务业领域的东西，怎么才能建设一个个既有文化高度，又是城市功能必需，经济上还能持平并盈利的项目。如果能把"赌博"建立在科学和逻辑的基础上，那就是缜密的系统工程了。

第五章 千宫之宫——大明宫国家遗址公园

大明宫是中国盛唐时期的主要皇宫,唐朝21位皇帝,17位在这里生活办公,是当时全世界最为雄伟壮丽的宫殿建筑群,是中国古典建筑的代表作。大明宫遗址历经1300多年的风雨沧桑,已经成为珍贵的文化遗产。

图5-1 大明宫国家遗址公园丹凤门

大明宫遗址区保护改造工程是中国"十一五"大遗址保护的重点工程,是丝绸之路整体申报世界文化遗产的龙头项目。

大明宫国家遗址公园是以大明宫遗址本体为基础建设的一个国家遗址公园,面积约3.5平方公里(5200亩),是北京故宫面积的4.5倍,与纽约中央公园相当。

2007年大明宫国家遗址公园开始建设,2010年10月公园建成开放。其间共投入120亿,被中国国家文物局授予"国家考古遗址公园"称号。

根据遗址公园建设要求,按照"政府主导、安置先行、以人为本、和谐拆迁"的原则,仅3.5平方公里范围内,完成了6个整村、70家企业、建材市场的拆迁,累计拆除建筑物总面积约350万平方米,涉及被拆迁户25000余户,10.27万人。规划建设安置房约160多万平方米,未发生过暴力拆迁和暴力反抗拆迁事件。

在规划设计方面,面向全球征集遗址公园概念设计方案,先后有以色列、英国、新加坡等8个国家设计团队报名参与,确保了规划设计的国际化水准,集聚了全球智慧。在借鉴吸收概念设计成果的基础上,聘请了罗哲文、张锦秋等多位知名专家组成专家小组,由国际古迹遗址理事会(ICOMOS)的司库乔拉·索拉牵头组成工作小组,全面制定遗址公园总体规划。总体规划经国家文物局专家组评审,一次性通过。

第一节 大明宫国家遗址公园的文化
定位及文化影响力塑造

一、大明宫遗址的文化高度

1.大明宫国家遗址公园是世界文化符号系统的一个重要节点

世界文明和世界文化不论以哪个标准划分,都种类繁杂。在这些根基深厚、成因复杂的文化内涵之外，存在着一个为人类共同认可的表象系统，这就是文化符号系统。这一系统从每一种文化个体中抽象出来，形成了一个一般的表象形式。这一系统弘扬普适的美的标准，特征鲜明、易被识别。主要表现无畏的、坚韧的，人类与自然从斗争到和谐共处的过程中的文化积淀；人类与人类相处过程中积极的、健康的生活方式。在历史的长河中，最终只有这些文化符号体现和保存了文化的多样性。这套符号系统又由一个个子系统构成，包括各种标志性建筑、各地的世界文化遗产、各民族的语言文字，特别是几大语种以及交通信号系统等。

唐大明宫遗址有成为这一符号系统的资源禀赋。中华文明是世界文明的重要构成部分。公元7至9世纪的大唐帝国代表当时人类文明的最高水平。作为帝国当时的政治中枢，大明宫蕴含着极其丰富的历史信息，应该作为全人类共同的文化遗产被珍视、被保护、被弘扬。

2.大明宫国家遗址公园是民族文化复兴的一个重要标志

（1）民族文化复兴时代的到来

当"中国龙"怀揣自信，仰首走向世界时，全世界都不知道这条龙是恐龙还是草龙，是瑞物还是猛兽。20世纪80年代开始的改革开放全面推动了我国的社会进步，也拉动了文化复兴。虽然目前中国的文化复兴还没有成为经济发展的强大动力，但从欧洲文艺复兴后世界发展趋势来看，每一次世界的大发展都是以文化的大繁荣为前奏的。

（2）每一个历史阶段都有自己的文化标志

盛世造园是标志。凡尔赛宫、凯旋门、蓬皮杜中心是法国每一个时期的标志。

　　独立宫、林肯纪念堂、自由女神、纽约城市建设(包括帝国大厦、世茂双塔)是美国各个繁荣时期的标志。

　　人民大会堂、历史博物馆、军事博物馆、上海浦东城市建设、北京奥运场馆、国家大剧院、中央电视台"门"形新楼,是中国从 20 世纪以来每个历史阶段的标志。

　　历史进入了一个新时期,这一时期,"标志"不是在高度、投资规模上比较,而是在文化意义上比较。

　　(3)大明宫的文化高度和文化底蕴,使它可以成为构建中华文化复兴的一个标志

　　繁华之后的失落,昌盛之后的沧桑。说一个朝代的辉煌,不如说其神秘;说一个山系巨大,不如展示它主峰的高度。大明宫是灿烂的民族文化记忆之灯,举起它就照亮了整个华人世界和中国古代的文明史。

3.大明宫遗址公园是民族发展史中昌盛失落之后的记忆

　　(1)全世界的华人称自己为唐人,唐的基因深植于华人、华裔和一脉相承的"文化血统"中。人类共同的"弱点"之一就是缅怀祖宗的荣耀,传承那些"自认为"美好的东西。大明宫正是这样一个文化载体。

　　(2)周、秦、汉、唐是中国古代历史上最昌盛的四个朝代,其中又以唐为最盛。唐的诗歌、唐的疆土、唐的开放和多元、唐的政治清明,截至目前,仍是中华文明的高峰,后世至今未能超越。

4.大明宫国家遗址公园是东方古代大型宫殿遗址与现代城市结合的一个典范

　　(1)城市中心的大型东方古代宫殿遗址公园,在世界范围内没有过,柬埔寨的吴哥古窟、中国的安阳殷墟、日本的平成宫都是城市

远郊的遗址保护项目,北京故宫是实体宫殿建筑展示。圆明园是遗址公园,但历史太短,只是最近一个没落王朝的离宫遗址,并且目前,它在人们印象中最有名的"大水法"还是西式遗址。

(2)大明宫国家遗址公园首要功能是保护遗址,展示人文和历史内涵,并运用景观艺术衬托历史上唐的宏大。其次它是一个兼遗址、旅游和文化产业、城市中央公园于一体的复合型公园。

二、遗址公园的规划构想

1."一轴、三区"的规划格局

根据历史及考古研究,唐大明宫布局前朝后寝,其整体景观空间结构为"一轴、三区"。大明宫遗址公园也基本遵循了"一轴、三区"的规划格局。

一轴:南起丹凤门,经含元殿、宣政殿、紫宸殿至太液池,为唐大明宫国家遗址保护展示示范园区暨遗址公园的空间景观主轴线。

三区:延续唐大明宫的历史格局,在空间格局上分为殿前区、宫殿区和宫苑区三个区域。

2.大明宫国家遗址公园的文化意象

大明宫国家遗址公园是"遗址+公园"的一个复合体,这是由它特殊的文化地位和遗址所处城市中心区这一特点决定的。基于此,它应该传达出这样一个文化意象:简约而内涵丰富、美丽又兼沧桑、国际化而又民族特色鲜明。

这一意象在三个分区中有不同的表现:

殿前区:庄严、壮阔、规范、国家礼仪。

宫殿区:凝固、沧桑、厚重、震撼。

宫苑区:开放、轻松、运动、愉悦。

3.建成开放后的形象

大明宫遗址公园建成后,其文化意象和文化吸引力将集中体现在以下五大工程之中。

(1)宫门及宫墙展示标识规模

出入口设计,基本上按照唐大明宫的历史出入口的设计,并结合丹凤门、建福门、望仙门及南宫墙的保护与展示工程设计。次出入口有重玄门、左右银台门,还有翰林门、望仙门、九仙门等。全长8000米的大明宫宫墙,不是传统意义上的围墙,实际是一道城墙,地基部分宽达9米以上,高达8.4米,内部空间断续相间,构成一个别具特色的唐博物馆。宫墙以外设环线连接主次出入口,环线设有地铁交通枢纽和公交站点。

(2)园内路网设计

遗址公园的道路交通规划设计以保护和展示文物为前提,建设的目的是保障文物遗址的安全,维护及满足考古工作的需要,展示唐大明宫历史格局,并满足游客参观及服务功能。对外交通考虑了与城市公共设施和公共交通的衔接,并留有适当的保护和缓冲距离,水电网络设置于路网下。

遗址公园内道路交通规划既考虑步行者、公用电瓶车、自行车、运动者的需要,又考虑了考古工作、文物安保和旅游服务的需要。

现有道路能改造的改造,发现遗址即以木栈道形式从空中通过,木栈道本身也构成遗址公园的一道景观。

(3)太液池及水系

太液池240亩的水面将设计成一处城市游乐水面,湖面水系的规划遵循"尊重历史但不拘泥于历史"的原则,在大明宫遗址基础上,根据现状地形和地貌特征,恢复古太液池水面,增加湖岸线的层次及湖面的视觉层次,建设太液池风景区,创造文化观赏、游乐体验、生态观光及休闲游憩等几种不同主题的环湖旅游空间。通过湖岸线的调整和堤岸的绿化隔离,为参观者和市民营造一系列水景与路景不同分区的游览空间,并通过灯光系统来创造玄武湖夜景,打造一个水景展示中心,使之成为西安大明宫国家遗址公园的夜晚活动中心。

(4)园林景观

遗址公园的景观规划设计以遗址为中心,提供仰视、平视、俯视遗址的不同视角,以及近视、远观遗址的不同视觉距离,来充分显现不同材质在不同季节的遗址之美。采用林荫景观大道及主园绿化、庭院绿化、广场绿化及隔离带绿化,做好三个分区的界限划分。同时充分考虑了游人的观景路线选择,以及植物造景中保护和突出自然地形的变化。

(5)服务及导视系统

公园内服务及导视系统自成体系。

旅游服务设施系统:由服务中心、导视导游系统、卫生设施等系统组成。

公共交通系统:由于与城市交通系统不能兼容交通工具,所以公园有自己的公交系统,特种交通车辆有站点设置。

残障人士及其辅助设施系统。

信息收集系统、发布系统:通讯、广播、内部监视及中央控制系统;殿前区、遗址区、宫苑区有相对独立的三区控制中心。

公共文化教育系统:在宫苑区设立文化中心,把现有的几个中小学(幼儿园)加以改造,整合设计成面向国际的"大明宫学苑"的一部分。

殿前区、宫殿区、宫苑区设有三个相对独立的运营中心。

第二节　大明宫国家遗址公园必须面对的问题

一、建得起,养得起

遗址公园文物保护及景观建设总投资达 120 亿,建成以后维护管理成本预计每年在 2 亿元左右。要做到运转通畅,活力常葆,不仅要节能,节约运行成本,在管理细节上下功夫,更重要的是做好经营策划,出新、出彩,开拓市场,创新运营,调动社会资源来支撑这一体系。

二、保持足够的视觉吸引力

遗址公园是大众的文化遗产,不只是专家的遗产;克服东方土遗址视觉形象弱的缺点,让不懂历史的普通游客觉得美、喜欢来。遗址公园要成为一件公众普遍认可的文化风景。

三、开放与封闭相结合,保持神秘性

出于遗产保护目的大明宫遗址公园,不可能完完全全公开。况且,围绕大明宫的一些历史之谜还远远没有揭开。含蓄与神秘也是一种美,也是一种境界。在开放与封闭,神秘与阳光之间的尺度把握,是一个值得探究的问题。

四、以科学的态度,继续考古和保护

遗址公园建成后,大明宫文化揭秘和考古发掘还远远没有结束,可能要持续五十年甚至一百年。已经成立的大明宫研究院将承担这

一使命,研究、探索、交流、倡导、弘扬……围绕大明宫的文化研究与传承将成为遗址公园的一道特色与风景。

五、既要人性化,展现现代高科技,又要可逆,保护遗址

人性化,要求我们满足当代人的休憩需要和消费需求。现代高科技的应用和展示必不可少,这既是文化,也是景观。而遗址保护的首先要求是原生态、原真性、可逆性。这对技术的应用与处理也是一个挑战。

六、国际理念、国际文化符号与中华文化因素

大明宫遗址是典型的东方遗址,唐文化是纯粹的中华文明,但大明宫遗址公园是面向世界开放的旅游休闲场所和文化景观,它不能只是中国人的自娱自乐,而应在满足遗址本体保护的基础上,在中华文化因素主导的氛围下,引入国际理念,吸纳国际文化符号,追求一种普世的和谐和包容。

七、城市中心公园和遗址保护区的定位处理

大明宫遗址公园在功能定位上是遗址保护区,也是现代城市的一个功能区。传承文化,保护遗产的存在状态是其首要功能;但同时它居于城市之中,是城市公园,还是大众的游憩区,是城市的文化标志。两大功能兼具,又要和谐共处,这是一个难题。

八、博物馆群和非物质文化遗产

遗址公园从殿前区到宫苑区十几个博物馆,构成国内规模最大的,以唐文化为主题风格的多主题博物馆集合体——大明宫博物馆

群,展示面积将达 10 万平方米以上。馆群由以下专题博物馆构成:

1.大明宫主题博物馆

主题博物馆包括唐代文物展示馆、唐代宫廷礼仪博物馆、唐科技博物馆、丝绸之路博物馆、主题影院等;内设巨幕播放《飞跃华夏》、《虚拟大明宫》等。通过动态展示、影音体验,感受大明宫的唐文化主题,较一般意义的传统博物馆玻璃罩式的展览具有革命性的突破。

2.当代科技文化、艺术文化展演系统

当代科技馆:包括自然博物馆、生命科学馆、IT 科学馆、航空航天馆,是集新加坡科学馆、圣何塞以太博物馆、多伦多科学馆特征于一体的参与式、互动式科学馆。

古代科技馆:展示中西方科技文明的演进轨迹和两种不同的科学体系与哲学观,富于启迪,发人深省。

当代前卫艺术博物馆:给现代艺术以展示和宣泄的空间。

以上博物馆群通过整体展示的方法,将静态文物展示和动态非物质文化展示结合,在文物的历史脉络揭示及非物质文化的展示与保护方面探寻出一条有效途径。

九、国际推广

作为文化和文化遗产,需要交流和弘扬;作为文化旅游项目,需要营销和推广。大明宫遗址应该与马丘比丘、金字塔、兵马俑一起成为世界文化遗产中分量最重的一部分。我们的设想是:以国际推广为策略,国际推动国内,以对外推广带动对内推广,迅速、低成本形成品牌形象。

推广的方式多元而立体:遗址公园内不间断进行的世界文化遗产展示;以中外交流为主旨的国际文化论坛;拍摄具有国际影响的大

明宫大片;大明宫研究院及大明宫遗址保护国际基金会的拓展研究与国际交流;与国际知名媒体的战略合作;国际建筑园林经典的引入,等等,都是可以运用的国际推广手段。

保护文物、弘扬文化、传承文明、改善人居,大明宫遗址公园一定会成为东方大遗址保护的典范!

第三节 大明宫文化的表现原则

一、开放、主流的文化形态原则

表现积极、振奋、激情、真与善的情怀。不图一时之巧、不哗众取宠、不民间小调。海纳百川,自信、开放和包容是大唐精神,大气磅礴、雄浑深厚、皇家气派、君临天下,盛世记忆,包容欢快,就是大明宫精神。

二、影响力至上原则

高度决定影响力。把一个会议对社会公开,则称其为论坛;把一个运动会面向全世界办上百年,就是奥林匹克。那么,把文物保护做得国际社会承认,百姓乐于并可旅游、可学习、可体验、可消费就是世界文化遗产。

三、国际范围内原创原则

遗址保护展示、文物保护展示、辅助项目、服务项目,从设计开始、建设阶段一定要立足国际视野,要不技术领先,要不形象独特,具有创新理念和普世意义。

四、系统化原则

遗址公园是一个大的系统工程,文保、生态、景观、信息管理,科学地集成在一起。同时每一个部分又构成为各自的子系统。文保有化学、物理各种方法,生态有自然、人造方式,景观有雕塑、小品、植物、水系各个部分,科技有古代、现代几种内容。

五、生态化、科技化原则

公园绿化率超过 70%,成为城市的"绿肺",公园本身是一个一定程度自我支持的小生态系统。

公园的每一个子项目的设计、运营过程中都要做到当代科技成果的最大化应用。

六、亲遗址、近遗址原则

改变只能远观、不能近感的传统遗址参观方式。在遗址公园内,游客在不影响文物保护的情况下,可亲近、靠近文物,享受考古发掘体验的快乐。

七、人为化、人性化原则

游览路线、游憩设施、卫生设施,所有服务项目,按人的需要和城市功能布局。醒目的标识、开放的饮水亭、残疾人方便通道、科学规划的信息港湾……为多元化的游客提供多元文化和思想表达场所与媒介,使游客在身体和思想上双重体验人性化服务。

八、大唐不夜原则

二十四小时可游览,使用全园全过程照明设计。

精心规划夜间游览项目。流动的灯火、璀璨的夜色,盛世、欢乐、美轮美奂的大唐不夜的盛世胜景,在遗址公园内全面呈现。

九、快乐体验原则与感受历史原则

参观大明宫遗址公园是历史的体验与感悟之旅,愉悦、欢快的基调贯穿始终。在沧桑中看到伟大,在庄严中感受光荣,在景观中体味惬意,在走动中感到轻松,在消费上感到自由,在游览中感到随心。

十、尊重历史、演绎故事,制造亮点原则

大唐300年历史,经历了战争、盛世、辉煌、沧桑、内乱,演绎着皇家爱情、惊天政变、宦竖专权、藩镇割据,离奇的生命轨迹、各民族的交流互访……遗址公园在景观艺术系统设计、构建时,要充盈各种传奇动人的情节,可读可鉴,使人浮想联翩。

以历史为依据,又不拘泥于历史,演绎历史不仅仅只是王朝档案。展示出的每段历史、每个故事都有历史渊源,又有活泼的演化和吸引眼球的亮点。

十一、皇家礼仪原则

中华称礼仪之邦,盛唐有礼乐之盛。宫闱、朝廷处处遵循皇家规范礼仪,不失皇家气度。朝拜、谒见时的“规矩”;出行、狩猎、接见使节的“威仪”。遗址公园要在动态的艺术系统中体现出皇家礼仪原则,即使公园的植物也要排布出“皇家礼仪”来。

十二、节能、循环经济原则

充分运用现代高科技、新能源作为手段进行建设、展示、运营,以

声、光、电、成像技术完美构建一个展示人类文明史节点的大公园。现代高科技绝不是各种新材料的堆砌,太阳能、中水回用等节能手段,均以高科技的充分运用为前提。

十三、植物景观与遗址景观共生原则

大明宫的黄土遗址沧桑凝重。茂盛的林木、绚烂的花草则显示着强盛的生命力。把每一个宫殿的夯土层与它周边的景观复合设计,让"黄土堆"和在世界园林史上有重大影响的巴洛克、浪漫主义、自然主义植物园等有机结合在一起,互为映衬、和谐共生。

十四、大家、大师原则

杰出的大家、大师操刀标志性的重大项目,确保了项目的高水准。同时也不排斥才华横溢的年轻人参与设计,但人可以是新人,作品必须是大作品。

十五、视觉为先,艺术感原则

围绕遗址的景观不是僵化的摆布,遗址周边的景观系统和小品系统与遗址是一个关联的艺术系统。充分挖掘视觉形式,充分利用视觉提供信息70%原理,景观布局先征服游客双眼,再征服游客心灵。

十六、艺术品巨大化与精品化相结合原则

每一个艺术系统都应宏伟壮观、气势轩昂,有着文明巅峰所体现的大气、大度,使人震撼。每一个艺术品又都是通过精心设计和打磨的精品、绝品和佳品。宏伟与细致、震撼与细腻完美结合。

十七、360 度景观原则

景观设计要大尺度、开阔,无死角,无背面;小空间中见精致,无障碍、无漏洞。

十八、全民动员、全社会成员消费者原则

大明宫国家遗址公园的消费者和游客不限定为特定人群。

中国人、外国人;儿童、老人……不受身份限制、没有肤色区分,不歧视任何特定群体。

十九、经营为本、产业化原则

遗址公园运营成本昂贵,静态测算,年管理成本就将达到两亿元之巨。依靠"吃财政饭"养活这样一个公园,是难以达到保护的功能要求的。做强遗址公园旅游产业和学习产业,既是维持公园正常运转的基础,也是为了发展和带动周边产业的"优化升级"。这一点,纽约中央公园是一个很好的例子。温哥华的斯坦利公园的纪念品开发也是一个很好的例子。

第四节 破解难题的十大策略

一、改革

按照正常的进度,大明宫国家遗址公园 2007 年 10 月启动,2010 年 10 月建成开放几乎不可能。在文物、遗址上搞传统的"大会战"更不可能,要实现科学的文物保护和建设管理,首先要从组织上,体制架构及运作机制上有新的突破。

成立大明宫遗址区保护改造办公室,统管遗址公园建设中的有关问题。做到统一策划、统一规划、统一管理、统一建设、统一运营,大明宫改造办享有市级经济管理权限,统管总体规划、产业发展、拆迁安置、基础设施建设、国土资源管理、房屋管理等,其他行政和政务工作仍由项目所在区的三区政府负责。

二、创新

大明宫遗址公园项目中每一项工作都要有新思路、新办法,这里以土地资源利用为例说明。土地是主要的城市资源,在资源运作上必须有新思路、新办法。

土地"现状挂牌,净地交付",大型城市运营商参与一级开发。现有的土地供应机制,先进行土地储备后进行拆迁,再供应土地。这样做可以保证被拆迁人先妥善安置,保证土地出让利益的最大化,比较困难的是首笔启动资金无从取得。土地储备中心得举债,这与现有金融政策不符。而土地"现状挂牌,净地交付"则既不影响公开、公平、公正供地,也有政府信用保证,增加开发商信心。同时出于财务成本考虑,尽量缩短拆迁周期。大明宫遗址区靠此方式出让净用地 6000 亩,预计可引入资金 180 亿,其中出让金收益至少可达 60 亿以上。

三、科学

大明宫国家遗址公园项目,首要的目的是保护国家级文物——大明宫遗址,科学的办法、科学的手段、科学的新材料和新技术应用、科学的处理程序缺一不可。为此,组织全世界的文物专家,从国际古迹遗址理事会主席到中国社科院考古队专家,组成了一个强大的顾问团。遗址区的城市总体规划由国家文物局主要领导亲自过问,中国城市规划院总工程师担纲。遗址公园规划设计,由中国科学院院士张锦秋,文物专家刘庆柱、安家瑶等担任顾问,国际古迹遗址理事会财务总监司库乔拉·索拉、西安建筑科技大学建筑学院院长刘克成组成工作组。

设计中,至少要处理好十大关系:古代与现代的关系、展示与保护的关系、人性化与古礼仪的关系、古行制与当代规范的关系、考古与工程的关系、投资与经营的关系、公园与城市节点的关系、围合与开放的关系、趣味性与沧桑感的关系、物质遗产与非物质遗产共融的关系。

大明宫研究院也在同时组建,研究院下设文物所、规划所、发展所、环境所,对整个项目进行全程动态国际交流式研究。大明宫遗址周边的建筑标高在数理模型之后,将做出实物模型,城市规划图纸出来后,再做出三维虚拟模型。每一个方案要经得起推敲和反复论证。

让真人扮演古代的礼仪表演并不是新闻,如果让机器人表现古人在龙尾道上的行踪或许才更有创意,至少,是在古遗址上对当代科技最高水平的展示。

四、民主

民主可以使决策者兼听则明。在大明宫遗址研究院,专门备有一间市民听证会议室,先后召开过概念规划方案会、水资源论证会。因为听证会只是一小部分与会市民参加,因此还在公开媒体上发布所有可公开的资料,请市民提意见、出主意。

大明宫是世界文化遗产,不属于少数人,更不是直接工作人员所自有的工作领域,必须动员全社会的力量,全世界的智慧。民主就是调动全民参与、全社会关注的一个有效办法,让百姓参与决策,让古遗址因为他们的意见而变得更有价值,让全世界在这里都找到成功和喜悦,民主不是政治口号,是一种必需的工作手段。

五、系统思考

大明宫国家遗址公园不是远郊的旅游度假区,而是地处城市中心的中央公园。它和城市的关系必须系统思考。公园出入口与城市交通站点的关系、公园与城市节点景观的过渡关系、城市供排水与公园内水资源循环利用的关系、城市大型公共活动与周边市民日常活动公共空间利用的关系、城市生命通廊与遗址的关系。4800 亩地的植物与水体对城市生态将有极大影响,所有的人都说都市"绿心"好,但好到什么程度?发达国家的城市规划要求居民十分钟内步行可以到达城市公共空间,遗址公园这样巨无霸式的公共空间如何与城市小公共空间相结合。思考内部要从外部城市开始,设计城市要考虑遗址有什么要求;追求经济平衡要遗产保护的约束。资源、生态、发展、现代城市生活综合于一体。

六、动态开展

庞贝古城考古进行了 300 年,至今仍在持续。大明宫遗址考古已进行了 50 年,已考古面积仅占总面积的 10%,未来 50 年、100 年,考古还可能有重大发现。我们没有可能、也没有必要建一个大型的屋顶把整个遗址永久地罩起来。重建一个想象中的唐大明宫更没有必要,一个没有当代实际功能的宫殿群,跟一个人造旅游景点没有本质区别。刚建成的时候红火一时,日久即衰。法国人解决这类问题有一个好办法,那就是不停地更换展示方式,请世界上所有对遗址保护有研究的人来出主意,来展示他的实验成果。或者像埃及人一样,告诉世界,我们的遗产属于全世界,我们没能力保护它,请全世界有钱的出钱,有力的出力,共同来解决我们的遗址问题。随着考古的深入,会有更多的考古发现,我们将用更多的方式展现,与时俱进。

七、国际推广

大明宫的推广从《纽约时报》开始。中国有一个叫顺德的城市,以生产热水器闻名,如果按产量计算,生产顺德人自己用的热水器一个工厂就够了,生产广东人用的热水器,一个村子所有工厂的产量就够了,生产中国人用的热水器一个镇子工厂的产量就够了,顺德全市都在生产热水器,因为他们在生产足够全世界用的热水器。同样,仅吸引西安本市人旅游,根本无须做项目推广,要让全中国来关注大明宫至少需要全国营销,而一个世界级的大遗址必须要求世界级的推广。

世界级的推广必须有世界层面的新闻热点和卖点,也必须应用全世界认可的文化宣传符号,用国际通用的方式,出奇制胜,在短时间内让世界知道中国盛唐时期的重大文化遗存。

国际志愿者就是一种有效的国际推广,让那些国际友人,那些经济有能力、专业有特长,对古文化富有爱心、说英语、法语、日语、阿拉伯语的人成为我们流动的宣传员。

故事片式的纪录片,这是英美目前最为时髦的一种传播手段,《大明宫》纪录片就是这样,目前已有 Discovery 等国际频道对它关注,还有直播考古等许多新办法,可谓层出不穷,关键是要用于实施。

八、让利于民，让利于社会

城市改造是为了城市居民生活得更好，并非仅仅为了城市本身的美，也不是为了开发商的利润。

以往，城市拆迁阻力大，那是因为赔偿标准低，但赔偿标准高到多少才合适？总有些贪心不足的人，90%的人认为合理、能接受就成，在合理的期望值内，在与周边平衡的政策界限内，让利于民，人民就会支持。

遗址周边的环境改造，除了居民，利益主体构成还很复杂。厂矿有的正在生产，有的已关门多年准备破产。还有依靠收房租而存在的机构。任何一个方面考虑不到都会成为阻力，社会是全体人民的社会，大遗址保护要大多数利益团体都获益，帕累托最优是存在的。

实际工作中还碰到过一对老人，他们靠卖茶叶蛋为生。他们说，我们不是不想住在大楼里，也不是不想离开这里，问题是住在高楼里，我就不能每天卖茶叶蛋了，靠什么生活？这是一个实际问题，这一问题在社会保障层面上，我们的社会有义务保障他们的生存。

九、保持文化多样性及文化和谐

遗址保护的目的，就是要保护文化多样性中的一个存在。大明宫遗址本身不同于寺庙，不同于近当代政府办公建筑，没有任何宗教色彩，不会引起宗教歧视，也不会勾起民族仇恨。恰恰相反，它存世时，代表了多元文化的共融。诗人李白、杜甫、白居易都入朝为官，唐宫里宴请过当时全世界的商旅客人、使者、高僧。中国戏曲的鼻祖最早就生活在皇宫里那个叫梨园的地方。

大明宫遗址的保护展示中，同样，不尊一方而轻另一方，不突出宗教色彩，不实行大汉族主义。在它的宫苑区，反而要开辟出一块万国花园来,植物和景观是没有阶级性的,大明宫遗址表现的美应是人类最普适的美。

十、高举丝绸之路申遗的旗帜

把世界的大明宫以遗址的方式还给世界,让唐大明宫遗址成为世界文化遗产的一个重要组成部分。这既是唐大明宫遗址保护的一个目的,也是一面旗帜,更是一种组织工作的手段。让唐大明宫遗址成为东方文化遗址保护的典范,让它的展示方式与欧洲石结构的遗址一样,为专家所称道,被普通游客所称赞,让历史从地下走到地上来,让文化从眼睛走进脑子里,让文明从表象走入灵魂中。"人文、活力、和谐"的新古都西安定会实现,"走进历史、感受人文、体验生活"的大明宫国家遗址公园定能实现。

第六章　延安圣地河谷旅游文化中心区策划

图 6-1　延安"圣地河谷"旅游文化中心区规划全景图

黄土高原上一个小支流,在千百万年的黄土高原变迁中发生了巨大的作用,把平原变成了山谷,把山谷冲刷得沟壑纵横。20 世纪30 年代在这个河谷里来了一支衣衫褴褛的队伍,一下子驻扎了 13 年,此后,中国的命运被改变。

以上故事已被拍摄成各种照片、胶片、数字影像和文字传播了出去,于是慕名者纷沓而至,所有的人都在寻找,能改变一个国家命运的力量之源在哪里? 然而,到了这里才发现,眼前是一个现代化的峡谷城市,繁忙得交通堵塞,高大得一点都不贫瘠荒凉,与其他城市除了规模不同外,竟没有什么区别。是这里孕育了新中国吗? 这里是革命圣地吗?

这里的市民其实也在问,毛主席刚离开时,他们很留恋也很光荣,后来开始了大建设。城墙、城楼拆掉了,高楼大厦堆在一起了,火车、高速通了,物质更丰富了,但"宝塔不再巍巍,延河不再滚滚",他们的自豪感却没有了。外地人来了,可其中的有志青年却再不会留下来,圣地的吸引力在哪里?

新华社、财政部、教育部……几乎每一个中国政府的组成部门都出生在延安,许多部门的旧址依然存在。然而,站在这些旧址的窑洞前,中国革命史的分篇章怎么写也和周围喧嚣的大环境不符合。如果当年是在现在这样的环境里,抗日战争、解放战争能胜利吗?

延安城,一个曾叫肤施的陕北边城,延河河谷里,延河河岸边曾经的那些奇迹,消失了,湮灭了。然而铭刻进历史里、脑海里的延安永远都存在。把这种意象、意景,幻化成一种文化形象,展示出来,让当代还有红色感情的人们缅怀,让未来没有红色经历的人们追思。这不正是当代延安儿女的一个使命吗?

第一节　望城生义

策划圣地河谷时,最初的想法是建一个旅游区,让所有到延安的游客找到 20 世纪 30 年代到 60 年代那个"庄严神圣的古城"。进一步,面对具体的地形地貌时,想法一下子就多了起来,同样是在延河岸边,两山对峙,黄色的含着大量泥沙的延河细流从山脚绕过,那就把创新的老延安城只当作其中之一,叫它金延安吧,再做一个陕北风情园,一个儿童长征主题公园,完善当地旅游功能,再把延安保育院遗址保护、延河治理、生态保护、城市建设统筹考虑,这些加在一起就叫做摇篮河谷。

方案因为符合各方面的诉求,很快就得到认可,但延安的同志说,井冈山是中国革命的摇篮期,延安是中国共产党的成熟期,革命圣地的定位更准确。于是,我们就直接开始了圣地河谷的主题。

圣地河谷,是独一无二的,找一个别的空间,就文不对题,它有自己的城市建设的设计原则和文化意象追求:

第一,圣地河谷应是古城格局、当代功能,古城尺度、当代纵深,古城风貌、当代精神,古城意景、当代技术。

第二,黄土背景、青色立面、红色精神、金色记忆、绿色街区。

第三,依法古城、超越古城,主题突出、新古交融,体量适度、空间复合、运用方便。

第四,立体城市,宜居、宜商、宜游、宜消费。从城市功能视角考虑立体交通、能量循环、电子智慧、环保节能、供给排放。

第五,公共建筑以人为本,博物馆小型化、集群化、生活化、商业化。

第六,宾馆主题化,以马克思主义到中国为主线,原汁原味原创德意志、英格兰、俄罗斯、旧上海主题精品小酒店。

第七,大师、大作,一体化设计,分片区开发,基础设施一体呵成,其他项目分期建设。投资运营多元化,卖楼不卖地。

第八,不乱标志、不乱雕塑、不乱引用、不乱古典、不乱夸张。

第二节　直面挑战

一、防洪问题

延河是支细流,但它暴怒起来却也似千万头疯牛。1977年一场大水,连开荒模范——"气死牛"杨步浩都被大水冲走了,50年一遇洪水的水位线高出地面五六米甚至十米以上,如何防洪? 这是一个难题。

能不能把正负零直接建在地面八米处,这样,防洪墙就成了景观墙,地下室建在地面上,车库、车流、管线都在负二层解决,同时,地下室可以作为排洪空间。有问题就有办法。

二、收益问题

圣地河谷项目的总投资逾100亿元。以目前的投融资体制,不可能由财政投资,只能靠市场体制机制回收,这个可能性有多大?

一亩地的征地拆迁费用约20万,配套费20万,考虑延河治理、高架桥通过高速、自建污水处理厂因素,再增加10万,各种税费10万,总成本约60万。按容积率1.5计算,每平方米楼面地价600元。建安按3500元/平方米计算,税费按1000元/平方米计算。金延安单位平方米城市成本约5100元/平方米。建筑总面积75万/平方米,总成本约38.2亿元。

延安当地市场目前高端地产价格已超过7500元/平方米。按6000元/平方米出售,让利给二级开发商和消费者1500元/平方米,还有近7个亿的毛利润。

儿童长征主题公园需要投资 3 个亿,保育院遗址需投资 1.5 亿,陕北风情园需投资 2 亿。尚有 1.5 亿的利润,基本可以持平。

工程由中建总公司通过 BT 方式建设,现金流问题也可以解决。好在现在已经过了拿钱找项目的时代,好项目不愁融资。市场上闲置资金每天都在找出路。

三、规划设计问题

反映当代延安人民生活需要,满足国内外游客心目中老延安的要求,反映生态延安、幸福延安、现代延安的意象。诸多的诉求只要有一个得不到满足,项目都不会成功。

找不到目标时,找方法,方法路径正确,就一定会到达彼岸。

最笨最好的办法就是"相马不如赛马",邀请几家国内外著名的规划设计公司进行方案竞赛。德国、美国对阿尔卑斯山脉中和大峡谷中狭长地带城市有经验的顶级规划院都参与了竞标,做出了一个个优秀的方案。再请中建西北院的总建筑师赵元超先生做总设计师,邀请五六位世界大师按他们心目中的红色延安进行建筑设计。

这个团队参与了许多大项目,"大雁塔北广场、大唐芙蓉园、大唐不夜城","大明宫"。在以往的规划设计中,第一轮方案就能满意的还真不多。延安市的姚引良书记、梁宏贤市长看了后,说了一句,"以前担心你们亏损,现在看来形象、功能、经济性都行,方案满意!"下来的程序就是报延安市规委会再提意见进行修改,然后听证,公开,过会,发布。

四、体制机制问题

省属企业在地市做个项目这很正常,但在这么大的地块上做综合开发,尚未有先例。仅仅有企业和政府之间相互信任是不够的。项目建成后,好,皆大欢喜;不好,几十年拆不掉,成为城市的伤疤。所以,只能成,不能败,只能好,不能不好,并且要用体制机制来保证这个愿望。

开发区提供了成熟的经验。他们设立延安圣地河谷文化旅游中心区管委会,管委会为市政府派出机构,执行市级经济管理权限和城建管理权限。规划、建设、土地、财政由市政府相关局办委托、授权或派员参加。管委会主任兼任陕旅集团延安公司总经理,公司作为开发主体和融资平台。这一做法,在延安也有开发区的先例可循,但又有突破,开发主体成了一个省属的国有公司,而不是延安当地公司。省属公司当然有他的眼界,他的视野,他的投融资水准和运营水平。虽然这一体制机制从二十年后回望未必是最好的,但目前还没有比它更好的。如果有更好的模式出现了,何妨再"与时俱进"。

五、交通问题

带状城市,峡谷城市规划建设的难点在于交通。平面展不开,一动工就得上山。好在阿尔卑斯山提供了很好的例子。瑞士的小城瓦尔斯、席尔瓦普拉纳、圣莫里兹,个个都是这样。连接外部只有一条路,而城市内部则既有环路,又有附路。借鉴再创新,我们有自己的路数,何况我们在建立体城市,城建水平高低不在乎是平原大面积展开,还是丘陵起伏发展,而是遇难题,解难题。依形势而造势,以和谐为最高境界。

去了瑞士才看明白,其实人家的路比我们设计得要窄很多,他们的城市建筑比我们更千篇一律,但他们的建筑立面极其丰富,他们是以人为本建城市,而我们的城市在建设中却异化了。圣地河谷要把异化了的城市建设思路再调整过来。

第三节　站在前沿

圣地河谷、金延安是当代"人造"的"老故事",是服务于今人的新项目。它一开始便要应用当代的智慧成果,它应该是立体延安、智慧延安、生态延安、文化延安、财富延安、创新延安、美丽延安、幸福延安的综合体。

一、立体城市

柯布西埃,中国人接触他,大多以为他是空想社会主义学家,这也没错,但他真正的职业是建筑师,他首先提出的立方体城市设想是1922年,他提这一概念并不是从阶级斗争出发提出的,他提出是因为工业革命的原因,城市已不适宜人居,当时的英国可能比中国城市的今天的"脏、乱、差"更甚。莫尔提出"太阳城"也是从人与人关系的角度出发研究出一个理想的城市模型。可惜,这些愿望都还未成现实。

金延安就是在研究到延安的游客与延安人的关系,延安人自己生产生活空间的关系。游客来了要干什么,他们之间,他们与延安老百姓之间如何互为风景? 所以,它在功能布局上,首先从人的需要出发。可达、可疏散的地方,一定是公共空间;沿山、沿河的地方一定是休憩之处,谁有再多钱也买不走。当代交通与城市基础设施,既要方便,又要美观。巴黎的下水道可以通车,我们的下水道建在地面之上,是否宽到可以通车我不敢预测,因为承载人口不一样,需求量不同,但永远不会"水淹七军"是基本要求。

立体城市还有许多指标,在建筑技术已发展到今天的背景下,我们不以"造价"为借口而让游客、市民不方便。

二、智慧城市

互联网的出现,许多国家都可能成为智慧国家,地球也有可能成为智慧地球,但以上两者的根基都在智慧城市。

智慧城市有人说,有人做,却仍没人做得到。对一个主要以市民生产生活为内容的城市来说,城市的数据库已经很复杂了,多少人?需要多少能源? 多少热量? 多少市政道路? 多少管网、交通设施? 从以上数据要能推算出城市土地的税收贡献,城市未来的产业导向……而对旅游城市来讲则复杂得多,多少游客在什么季节来? 带来多少旅游消费如:食品、住房、交通压力? 产生的垃圾怎么处理? 游客要离开去他处最近的路程、到达的方式? 凡此种种,都是非线性状态。瑞典的斯德哥尔摩近郊有个地方叫哈马碧,垃圾系统都是真空抽送,够豪华级别,然而,城市的节能又是最好的。北欧冰天雪地的大冬天,你丝毫不感觉不方便、不暖和,临水的理发馆是整面的玻璃墙,里面的人穿得很少,证明室内温度很高,但房子耗能很少。如此等等,没有一个完整的解决方案是做不到的。金延安从一开始,就要把智慧城市的规划放到图纸上去。公路车辆指挥调度、消防、医疗救援最迅速方案,包括十分钟步行内的公园、直升机停机坪都要同步。

形象上很好看,实用上却不灵,每天几万、几十万人同时挤在地铁里去城里上班,下班同时又回某个小区居住,这是愚蠢的城市。金延安不能有这样的致命伤。

三、财富城市

全球最富的城市区域是纽约曼哈顿华尔街,在此集中了全世界1/3 的财富,它是金融中心,我们学不来。中国最富的城市之一是北京,2008 年奥运会举办,当时最高房价才 2.2 万/平方米;2012 年,四环内最低的房价已经 4 万/平方米,所以它也算"贵城",我们也学不来。

有没有可学的榜样? 有,深圳的华侨城。华侨城在深圳,我们在延安,怎么学? 除北京、上海之外,武汉、成都也都有了华侨城。华侨城,现在是主题公园+优美城市+财富城市的代名词。金延安南边是延安保育院遗址公园,北边是儿童长征主题公园。城市中大树、绿荫、博物馆成群,游客向往,商铺林立而有序,说它的土地价值、房屋价值延安最高,不为过。生活在这里,住行方便,服务高端,经济形势好时,这里的房产率先升值;金融危机时,扛得住泡沫。这就是它的财富定位。

四、文化城市

没有文化的队伍是没有前途的队伍。毛泽东说这话的时候,至少证明那个时候的革命队伍区别于一般小军阀,区别于衣服整齐、装备精良的国军,是有文化的。当时的延安也应是文化之城。

新中国成立后的延安也是有文化的,黄土画派,边区歌舞,一系列关于延安的雕塑、戏剧、音乐作品,层出不穷。

那么圣地河谷、金延安,也必须是有文化的。

这个城市的文化大致有两类题材必不可少:一是革命文化,二是黄土文化。虽然它们的表现形式都应该有自己的特点,虽然当今的延安已不缺鸿篇巨制,一两万平方米的一号工程——延安革命纪念馆……但把领袖当作普通人"秀",表现他们作为普通人生活的艺术品却没有。毛主席率领中央红军衣衫褴褛达到延安,刘志丹风尘仆仆前来会师的场面。鲁迅艺术学院出来的文化名人,当他们随意地走在延安街道上或坐或蹲或思考或闲聊,这些一定在延安的古街上发生过,我们要突破过去,我们要抓住那一瞬间,表达它,活化它。

设计建设十个主题博物馆,每个做两三千平方米足矣,三五百平方米也可,只要能表达清楚一个主题。

延安 1936 年,毛主席刚到陕北延安是什么样子? 1946 年,胡宗南攻陷延安是什么样子? 1966 年,"文革"中的延安也是历史记忆;2006 年,改革开放中的延安是什么样子;2021 年,中国共产党成立100 年时,延安市什么样子。史沫特莱、白求恩、开国之勋也必有专馆进行展示。

文化主题表现还要生活化。马克思主义到中国,成熟、成功,有一条物理的路径,所以,金延安里要有精品的德意志、英格兰、俄罗斯、中国旧上海主题酒店。金延安里有许多西方的东西,还不能让游客感觉唐突。

五、创新城市

"建一个完全一样的老延安",这是延安市长梁宏贤的话,也是领导对延安的革命情怀。但是"给我一个一模一样的老延安图纸,我也造不出一个老延安",这是我的话。何况,老延安只有一些散乱的、局部的照片,根本谈不上图纸,何况无法原工原料。

遵照老延安的格局、布局,但不拘泥于老建筑。毕竟城市要服务于现代人,毕竟要处理许多"老延安"没出现过的问题。

同济大学规划院做了一个很好的规划,总建筑师在此基础上又提出能不能把东西大街拉大到 60 米宽，我赞成。这样，一下子就有了一个兼有广场、游客集散和地下中央商业区功能的核心区，大量集中绿化也就有了空间。

除此之外还要再应用新的垃圾分类处理技术，立体的车辆交通换乘系统，形成人车分流，地上地下一体化。

当然在建筑上，清涧的石板是延安特色，我们会专门研究应用它，这些都是在创新。

……

圣地河谷，一年筹备，三年初具规模，再三年大成，我们期待吧。

第七章　北国风光文化旅游中心区策划

第一节　国际化大都市要有国际化大旅游

2011年,国务院批准西安市的第四次城市规划修编,批复了建设"国际化大都市"的提法,这是国务院第三次批复"国际化大都市",前两次是北京、上海。

城市的国际化水平有一系列指标,长住外国人数量,外国人到访次数,承办国际会议规模、次数……国际化大都市要求就更高。至少,老百姓心目中的国际化大都市得像纽约、洛杉矶、巴黎、香港……

从旅游角度讲,国际化大都市要有拿得出手的东西。西安有兵马俑,但此类东西,罗马古城、开罗金字塔更有说服力,后两者还是首都,人家石头修建的古迹众多,而且,像梵蒂冈这样活动着的旅游吸引物更多。光吃祖宗饭是不够的,何况,几百万的西安当地人,特别是年轻人要游乐还没地方去。也就是说,按国际化大都市标准要求,西安的旅游项目不全、不配套,缺乏对年轻人的吸引力。

第二节　河塬林海,星云布局,聪敏发展

北国风光文化旅游中心区选址在西安与咸阳之间的西咸新区、秦汉新城,占地约 23 平方公里。

历史上,这里是秦咸阳城遗址的东郊,五座汉代大墓在地块的中部,其中以汉景帝阳陵最有名。

整个地块约呈方形,在西安的正北方向,渭河的北岸。目前是大片农田和发电厂。

1.北国风光文化旅游中心区的总目标是"北中国田园城市旅游目的地,大西咸文化旅游集散中心区"

具体由以下五个目标构成:

(1)北中国森林城市示范区,呼应大秦岭的山水关中新印象。

(2)田园型观光农业基地,最佳的休闲度假区域。

(3)新型文化旅游综合体,大西北旅游系统的完善和标志,开创体验式旅游目的地。

(4)成为全民慈爱基地,建成中国第一个慈善产业园。

(5)成为实现遗址保护、旅游、影视、教育、城乡统筹等综合发展的示范区。

2.总规划布局

(1)河塬林海,星云布局

河是渭河,黄河的一支大支流,养育了中华民族周、秦、汉、唐几个最强盛的朝代。

塬是渭河北岸台塬地带,虽仍是关中腹地,但向北 100 公里,即

直接与黄土高原相连。

林海在关中的黄土地上,位于现在的城市边缘、未来的城市中央,形成一片10平方公里左右的大树森林。

在河流、台塬、森林中分布着慈爱田园、空中绿城、欢乐北岸、金色北西安、东方意库几个板块,它们每个板块又包含许多项目,按照组团方式,分散布局在23平方公里土地上。

（2）聪敏发展

"Smart growth"——就是聪敏发展。含义是将城市发展与古迹保护,动物栖息地保护,濒危植物、湿地、海洋、河流、自然奇观保护相结合,人与自然和谐共生。

空中绿城、金色北西安、东方意库,就是聪敏发展中的项目布局。

空中绿城包括:立体农场、大地景观、空中观光走廊、高空花园。这一项目的核心其实质并非为了发展农业。主要是因为在项目地块内有两个大型发电厂,高大的烟囱、冷却塔,让人望而生畏,又一时拆不掉、搬不走,怎么办?利用一种现代的农业技术美化它,在它们的周围建设一批"高楼农业",这一思路最早是20世纪初,哥伦比亚大学迪克逊·德斯帕米尔教授提出来的,叫垂直农业。在目前技术条件下,建设几十米高的框架结构的种植平台,技术上一点都没有问题。目前造价可以控制在人民币2000元/平方米以内,50年寿命,经济上,农业项目可以承担起来,重要的是形成旅游不与农业争"土地",既解决了"增长的极限问题",又解决了旅游项目的观赏性问题。

把高楼上的农业连成一圈,连成一片,就形成了空中走廊、天空运动场等一系列再开发产品。

金色北西安以独具异域风情的丝路小城为核心,形成集休闲、时尚、人文、创意相融合的高品质大型城区,包括丝路小城、河湾小镇、蚕茧剧场和罗马假日主题度假村等项目。

Shopping Park 形成景观与商业相结合,在户外空间放松的同时,满足购物、休闲需求。体育中心利用电厂热能余热提供全天候、大型室内"休闲+娱乐+时尚"全新运动体验。

东方意库包括高端企业会所、画家村、创意文化产业园三部分。高端企业会所主要依托机场、高铁枢纽站、新行政中心开展的大量商业和商务活动,打造北岸商务中心区。内设度假别墅、会所、会议中心。画家村以"艺术家交流、艺术品交易、艺术与生活"为主题,对当地城中村进行改造,保留原有村落形态,打造西北最专业的艺术品交流中心及书画交流展示平台。创意产业园,关注区内的"业"与"人",依托区位优势,以绿色低碳建筑为载体,为机关企业和个人提供发现区域价值的平台,尤其是设计类机构,西北总部的创意产业科技园。

第三节　以欢乐为主题

打造丰富的体验式旅游项目,填补西北旅游市场"体验、参与型"项目空白,给"北国风光"一个丰满的"身躯"。其包括秦汉欢乐谷、穿越华夏主题公园、金色北岸、大汉影视体验中心、水车村等项目。

秦汉欢乐谷中,大型器械游乐设备是面向青少年市场,对这些项目进行秦汉文化包装,运营模式、盈利模式参照华侨城已有的欢乐谷,甚至可直接委托华侨城建设,成为"交钥匙"工程。

穿越华夏主题公园，华夏文明五千年有许多符号化的标志物，把它们"放大"、"缩小"、"影像化"、"雕塑化"、"街区化"，成为一个与休闲生活相结合的"慢"工程。

金色北岸就是建设一个半开放式的碧波金沙滩。景区紧邻渭河，建造人工沙滩，人工室内运动场，作为利用电厂余热的首选项目，打造北方冬季沙滩主题乐园，成为反季节旅游的代表作。

水车村，以"景观+体验"为主题，将生态、景观与人居有机结合，建设北国水乡特色生活体验区。

第四节　高举慈善的旗帜

慈善有人做，但把慈善当产业做的人不多、项目不多。慈善产业与其他产业的主要区别是不但要有可以复制的产业形式，而且产业的盈利持续用于慈善投资。

慈善免费医院，是慈善最基本的做法。问题是在中国目前捐赠、公益基金还不能形成大产业的情况下，如何维持和运营下去。还好仅诊病、常规化验、医疗检测费用并不大，那就由整个文化旅游中心区的盈利来维持，资产打包给主题公园。药品及治疗完全向社会公开，由患者向市场购买。医生除骨干，完全采用志愿者，每天限一千号，保证医疗质量。

慈善赛马会，与陕西慈善总会、香港赛马会合作，开展"快乐的慈善游戏"，完全公益，提升项目的群众参与度与影响，促进马术运动的发展。

建设养生老年公寓，形成"东方太阳城"，打造"不孤独，不依赖，不满足温饱型"的老年生活。

建设慈善拍卖及演艺中心,在慈善大道上,正大光明地开展运营活动。

第五节　经济、技术、生态、文化上都要可行

"北国风光"文化旅游中心区项目基本上采用成熟技术,只是在应用上进行了组合创新。所谓技术上可行。由于项目不是工业生产,也无大量开山造田,并且要广植树木,形成森林感觉,所以,生态上除了目前技术水平的项目外,可能还会在生态建筑及城市节能、智慧城市方面有许多革命性做法。

决定项目成败的真正核心是经济上能否算得过来账,能否盈利。

项目总投资(以 2010 年不变价计算)将达 180 亿,占地 34500 亩。其中,河塬林海 14 亿,占地 12664 亩;空中绿城 10 亿,占地 2955 亩;慈善田园 25 亿,占地 1907 亩;金色北西安 56 亿,占地 2806 亩;欢乐北岸 27 亿,占地 6663 亩;东方意库 18 亿,占地 1810 亩。配套及基础设施投资将达 30 亿元。

项目收入由五项内容构成,物业销售、出租、公园门票、文化活动、自主经营。丝路小城、河湾小镇、住宅及商业出售可形成销售收入。

养生老年公寓、慈善拍卖及演艺中心物业可以出租,形成收入,主题公园门票收入,慈善活动组织收入,所有物业内的自主经营项目、物业管理,可形成收入。这是一个经济上有可观收入的项目。

第八章　城市文化旅游综合体路径思考

第一节　倾力打造城市文化旅游中心区(综合体)

陕西旅游做大做强需要策划、规划、建设一批重大项目。

这些大项目要像"华侨城"、"万达广场"、"环球影城小镇"一样,布局合理、规模适度、商业模式有效。

这些大项目相对于目前"弱、小、散"的景点分布来说,能起到统帅作用,发挥旅游经济规模效应;对于所在城市来说,要成为当代的旅游中心、文化中心、商业中心,要成为地方政府的经济引擎,发展地标;对于当地老百姓来说,要成为投资追捧的热点,安居乐业的最佳处所。

一、陕西旅游业的困境和机遇

陕西文化旅游资源和自然景观旅游资源非常丰富,资源虽好,差距也大。陕西旅游业和发达国家旅游业相比,一是产业链条短,中间环节收益少,大部分只赚门票钱;二是符合当代旅游消费需求的旅游产品少,大型项目少;三是基础设施不足,已有景点硬件配套设施陈旧老化,旅游服务粗糙,运营管理粗放;四是营销推广缺特色,缺力度;五是吃祖先饭、缺新建树。

和国内其他省份比起来也有不足:

1.和广东比,旅游基础设施落后,缺少高端休闲度假旅游产品,缺乏像华侨城这样的大型旅游开发企业。

2.和北京比,旅游组织能力不强,服务理念不高,缺乏像首旅年组团人数过百万的大旅行社。

3.和上海及"长三角"比,新型主题式旅游大项目开发力度不够,缺乏百万以上游客的大项目(陕西全省超过百万游客的仅有华山、兵马俑、华清池、大唐芙蓉园四个景点)。

4.和四川、浙江比,缺乏成都、杭州敢于领休闲风气之先的旅游氛围营造。

5.和广西、河南比,缺乏桂林、云台山这样的旅游产品包装。

陕西旅游的机遇和优势也同时存在:

(1)国家把旅游作为战略支柱产业,旅游业进入黄金发展周期。引导政策不断出台,行业热情高涨。

(2)陕西经济水平大幅度提高,既提供了旅游消费也提供了充沛的投资供给。近几年,陕西旅游人次年均增长15%就是例证。

(3)陕西旅游资源具有至高性、丰富性和不可替代性,文化底蕴厚重。

(4)积累了跨越式发展城市景区的经验,造就了一批大思路、大手笔的领导人员和专业人员。

二、换思路、找出路、求生路

1.变景区对游客服务为对市民及游客兼顾服务

在人均收入超过1万元/年后,市民和游客已不再有截然区别。

这就要求城市及近郊的旅游景区要有商业氛围,并提升公共服务水平。西安的大雁塔、大明宫、浐灞等,就是这方面的典型。

2.变旅游业由旅游从业者关心为全民关注

旅游投资原来是旅游界的事,但实际并无政策门槛,这就要鼓励社会投资。只要有投资意愿和能力,不论其投资的是酒店、公园、旅行社,还是旅游汽车,都要鼓励其加入到这一行业来。旅游接待要鼓励家庭旅馆、农家乐、自驾游营地齐上,要让旅游项目附近的老百姓享受旅游业发展带来的实惠。

3.变旅游对文物和自然山水的依赖为对营销创意的依靠

深圳并无多长历史,但其人文旅游走在全国前列。有历史资源、山水资源固然好,但同时能造出"金点子"更重要。江苏灵山大佛、安徽芜湖方特世界等就是好例证。

4.变"垄断"为"竞争出效益"

垄断在一段时间让旅游企业有竞争力,但历史证明,真正持续快速发展的是那些在市场上打拼的企业,后者的抗风险意识和能力远高一筹,开放市场条件下的效益最有说服力。

5.变经济效益和社会效益相分离为两兼顾

把"保护文物、改善民生、提升城市"和文化产业、旅游产业结合起来,常州春秋淹城项目就是城市旅游经济效益和社会效益两者兼顾的代表之一。

6.变陕旅集团从传统旅游业主体为"新兴旅游"主体

当前,旅游商业、旅游地产、旅游景区方兴未艾。陕旅要成为有"根据地"的集团军,要做文化旅游景区开发,做旅游产业链条的中高端,而不是单纯的旅游服务。

三、陕西旅游如何做大产品，战略制胜，承担起历史责任

着力开发新型旅游休闲产品——文化旅游中心区，从榆林、延安到西安，上北下南，在三市的城郊区重点打造，形成文化旅游中心区系统。关于秦岭可以建设小型旅游科普中心，联合国家林业局、科学院拍摄制作大型风光科普旅游片《秦岭》，在华山、太白山、南宫山、汉中、安康、商洛入陕口与景区联合或独立设点开放。这个产品布局加上关中地区目前已有的韩城、华山景区、法门寺、宝鸡（关山牧场）景区等，构成辐射全省的旅游系统主干。

（1）建设延安"圣地河谷"红色文化旅游中心区

延安旅游需要解决游客心中的"老延安"问题，当20世纪30年代到60年代的延安成为圣地时，游客需要看到圣地的圣像。

延安"圣地河谷"文化旅游中心区将充分挖掘、保护、利用延安红色文化旅游资源，在延安宝塔区河庄坪镇规划5—10平方公里，把延安保育院遗址、中央医院遗址、革命烈士纪念碑等红色景点进行整合，打造红色旅游精品。

项目规划摇篮河谷、老延安、陕北民俗风情园三大核心功能区，重点建设红色主题宾馆群、钟楼不夜城、延安保育院实景演出、老延安生活街区、陕北风情汇演、儿童长征主题乐园等精品子项目，使其成为延安的北大门、老延安情怀和新城市客厅的结合体，成为延安乃至中国红色旅游的新名片。

（2）建设西安西咸北国风光旅游中心区

西安地区旅游无参与性、体验性游乐项目，这不但使游客遗憾，本地青少年也极为失望。解决西安旅游问题就是要针对性打造参与性的文化旅游中心区。

在西咸新区或长安区规划15—20平方公里，以秦汉文化为主

线,充分挖掘西咸区域的历史文化或历史文化遗址,打造西安秦汉文化旅游中心区,使其和唐文化相得益彰,相互支撑,深刻反映西安十三朝故都的深厚文化底蕴。规划建设穿越秦汉主题景区、都市游乐园区、高端商务休闲区等,成为西安城市休闲刺激、快乐体验及文化旅游的新标地。

三大板块的完成,旅游在这些城市就有了明确的标志区。这样的规划和功能布局,只要结合开发区政策,资金可以自筹解决,不用政府直接投资。

陕西旅游文化旅游中心区本身是一个旅游产品,也是一片城市开发,就必然有一个有效的商业模式,"旅游项目+商业综合体"将构成其核心。

(3)建设榆林文化旅游中心区

榆林旅游业需要解决漫长冬季零下20℃低温所造成的没有游客问题。

在榆林城郊,规划10—20平方公里的景区,把镇北台、红石峡景区统筹起来使其和榆林老街衔接,将旅游集散功能、商业功能、文化居住功能进行组合,重点打造旅游文化休闲 mall(综合体),利用榆林电厂余热,使建筑室内常年维持10℃以上,解决榆林冬季休闲旅游淡季问题。同时,建设影视拍摄基地(《最后一个匈奴王》)、星级酒店群、大型实景演出《米脂婆姨绥德汉》及改善城市居住环境的人居工程等重点项目,将榆林优质旅游资源和城市发展对接起来,成为榆林统领白云观、统万城、红碱淖景区的当代旅游中心、文化中心、商业中心,成为地方政府的经济引擎,发展地标。

第二节 四海唐人街

图 8-1 "四海唐人街"规划设计图

一、背景

西安城市有两条南北轴线,两条轴线平行,相距 500 米。一条是从如今的北部城运公园过钟楼到电视塔,另一条从大明宫经火车站到大雁塔。后一条是从唐代至今都一直存在的轴线。

大明宫是唐朝皇宫,占地 3.5 平方公里,虽然现在只留存一个遗址,但经过大明宫的这条轴线无疑也是一大"风水"轴、文化轴。

在大明宫遗址北部延伸线上、太华路西,有一块土地约 113 亩,太华路东已布置了万达城市广场、龙湖地产、华远、中建地产项目,更远一些还有绿地、万科的楼盘。一线地产如此云集,这一地区又离二环只有 500 米,必然是一个开发位置非常有利的商业地块。

问题是,万达广场是一个 60 万平米的城市综合体,与它相邻,不与它竞争就得与它错位发展。

二、文化、旅游、商业

这里肯定是一个商业地块,但因为它是陕旅集团的项目,它就必须有旅游功能。那么旅游又让游客看什么? 体验什么? 如果是体验文化,那么要体验什么样的文化? 用什么样的城市形象来展示这一文化?

唐人街 China Town 是中国人在外国做生意的场所,在大明宫边上可以利用"唐",唐又海纳百川,能否把全世界唐人街的文化符号集中抽象地表达? 能。唐人街建筑,本来就是在西方文化背景下的中国文化元素集合体,所以建筑上就更可以混搭。规划布局采用街区式,最高局部四层建筑,古典欧式建筑造型,欧式的尖顶、欧式的立面,工艺简单,功能实用,而临街一二楼,则可用中式的门脸、牌楼等中式景观。

于是整个地块规划了一个中央广场,一条欧洲街,一条北美街,一条东南亚澳洲街,一条南美及非洲街。"克拉码头"、"光明正大牌坊"……

三、决策、成败

项目因为风格混搭,给了设计师最大的创作机会,同时也给了他们最大的挑战,因为创作要有"四海"胸怀,唐人街又遍布全世界,所以设计师阅历要够;懂多种风格设计。虽然它不是商业综合体,但它应具有强大的商业功能。所以设计师必须有大型商业设计背景。

最终,我们选择了美国商业设计排前三位的 MG2 公司来承担设计任务。这种项目必须是一个水、暖、电、交通专业齐全的设计团队才能完成。如果请单个的设计大师,即使是世界大师,做一个大型单体可以,但大规模的项目,缺点也是致命的,所以选团队的好处远远大于选个人。

方案一推出,市场竞相对其追捧,三个深圳投资者要一次全部购买。于是一分钱未投,就卖图纸,二次投资方先付土地款且保证一次投资方利润三个亿人民币。一个刚刚成立半年不到的队伍,出手就和万达等一流地产项目共舞。因为策划到位,项目使用的资金是零,所以没必要再计算资金回报率。

第三节　西城往事

三桥镇——西安西部一个桥头堡,汉朝时,因皂河上有三座桥而得名。后来可能做过驿站,也可能是个集市。再后来,断代。明清以前,都没有历史记载。清后期到民国,三桥又重新兴起。

三桥的五百亩地,历史题材虽够不着"秦时明月汉时关",但它现在是沣东新城的核心区,在它的对面,三桥新街上,是华润地产"二十四城"100万平方米,保利地产100万平米建筑,在它的西面,是大明宫建材市场西咸店。这又是一个绝佳的文化商业位置,又是一个文化旅游综合体。

三桥项目成败取决于它如何与周边项目形成差异化发展,只有差异才能生存。

一、必须表达城市故事

1.城市的格局和机理

三桥镇的格局也是棋盘方格状,与西安城区并无二致。新的三桥也必须遵循这一历史风格,顺应其城市历史机理。核心是在同样的机理下,怎么才能给它一个文化高度?

长安今称西安,有三千年的建城史,一千年的建都史,但城墙是明朝初年修建,再往前追溯,代表性古建筑有唐朝大明宫,汉长安城。古代的东西虽然在地下,已非常丰富,但地面之上,明清以来,城市的遗存又在哪里?游客在遗址上看到了遥远的古长安,在喧嚣的街道上看到了当今现代的西安,而近代的古都却了无踪迹。有二三百年历史的城市,大大小小几百个遍布全中国,西安的故事断了吗?

能不能把明清以来城市的变迁史表现出来,把从盛唐首都沦落为西北边缘的古城表现出来,在这个名叫西安的城市西部做一篇西城往事的文章。

2.纪念经典

明清以来,长安虽已被边缘化,但不乏重要人物、重大事件、重要建筑。左中棠、林则徐担任过陕西总督,王杰、于右任等,近代名人居功至伟。慈禧避难西安、二虎守长安、西安事变重大事件影响历史进程。陇海线火车站、藻露堂、珍珠泉、黄楼、亮宝楼,历史遗迹不复存在,叱咤的历史人物已经离我们远去,所有的辉煌和苦难都成为历史故事。应该留下的历史建筑除了留下遗憾,什么也没有留下。能不能把这些经典建筑复建出来,华侨商店仍然按原功能做商店,火车站可以成为交通博物馆,黄楼是杨虎城指挥部,中西合璧,虽然还存在,但处在省政府大院内,至今仍是会议室,老百姓不能并看到,西安饭庄,周恩来曾宴请过尼赫鲁,把这些有故事的城市地标性建筑展示出来,让对城市历史的缅怀变成对古城文化的瞻仰、追寻和体会。

3.谁有资格站在大街上

每个城市被遗忘的都是普通人,存在在神话或故事里的只有伟人,处于中间的那一批对社会有巨大贡献,而又不是伟人的人,是否也应该被纪念?答案是必需的,因为他们的人生不但波澜壮阔而且又和百姓生活相关,故事性更强。

细数西安这个城市有名有姓的过客。宇文恺兴建了大兴城(古长安城),阎立本监造了大明宫,杨虎城、李虎臣保卫了老西安,张学良建造了火车站。张铁民领导了古城西安整治工程,被誉为"铁市长",杨志发挖井不小心一锨头挖出个兵马俑,习仲勋、马文瑞"文革"中保护古城墙……

西城往事,要给这些为城市建设作过贡献的人塑像,也要为那些在这个城市留下快乐记忆的艺术家、有代表性的普通人塑像,这就形成一座中国最古老城市的露天城建史博物馆。让他们和布鲁塞尔的小尿童,维也纳街头的音乐家一样不朽。使这个城市真正有点文化。

二、需要大师

1.创新在哪里?

三桥镇原来只有一条三桥街,但做一个旅游项目,体量、规模必须大。可供应的土地500亩,就一口气做一个500亩的项目。在这里,规划出三条街道来,原来的老街,沿其走向,保其规制,建设民国文化街,可以再点缀一些现代作品,增加其丰富性。再往北,设计一条明清街,以院落布局,形成休闲氛围,一如成都宽窄巷子。再往北,是高架桥,可以形成相对独立高大的单体建筑,商业上可以作为企业会所,办公当作写字楼,即使建成公寓还可以南向有城市景观。

一镇容"三城"。项目请建设部设计院崔凯大师做总设计师,他擅长创新明、清、民国风格建筑。然后,再请几位世界大师,把博物馆、影城、高层建筑设计出来,由崔凯把关。至少,把世界大师眼中的古长安在这里表达;至少,在城市核心,一圈高层建筑的水泥森林里,有一片很矮的、人性的生活小氛围。

2.商业设计

有商业策划、商业规划,没有商业设计这个提法,但西城往事这个项目必须有商业设计。

面对一条马路之隔一个百万平米的城市综合体,西城往事做大型主力商店,显然费力不讨好。以巧取胜,要定位在休闲、娱乐商业。定位成游客"来了就不想走的地方"。

上海新天地、武汉汉正街、成都宽窄巷子、南京 1912 都有其业态特点,但都还不是西城往事。西城往事要未发先红,除了文化上的价值外,每间商铺经营什么? 要多大面积? 同类品牌有几家候选? 这些细致的工作,必须先拿出个初稿,并在此基础上进行讨论。

可以大胆设计,即使再严密的推断,当面对社会这个复杂的系统的时候,只要能落实 30% 也是很高水准了。做这个商业设计,并没有必胜的把握,但是没有它,将必败无疑,每一个商铺后有 20 家候选人,五成把握,100 家候选人,必成。

三、致当代生活

1.在枢纽位置

三桥镇处在城乡结合的枢纽,地铁、公交、进出城市公共交通汇集。

"西城往事"处在新旧交替的枢纽。过去的城市只留下格局、机理和部分行道树,未来的城市虽然要恢复城隍庙,用林带标识老城墙,但实际上是一座面向未来的旅游小城、文化小镇。城市记忆实质是古城的形式和元素,新三桥镇不是复古,所以也不应该沉重。

三桥镇上原来街边的商店是染坊、盐铺、肉店、香烛店、升官发财店。街道上摆着等待客人的人力车，朝暮时分有牛羊通过。这些在未来的西城往事里都将不会出现，如果出现了，那仅是用街头雕塑的形式展示一下而已。

西城往事里存在的是当代都市形态。是主题商场、美食天地、音乐酒吧、露天演出、博物馆的集中地。它更多的是旅游人士的消费场所，是体验型消费、享受型消费场所。所以，西城往事有许多城市广场，有更多的树木、景观小品，甚至大量水景，这些水景应是薄水水景，夏季使街道亲和，寒冬季节枯水可以让游客沿河沿而坐歇。

2.以当代人为本的立体空间

地下空间三桥镇没有，古时土地便宜，人口少，车辆少，不需要。西城往事却必须有，交通枢纽的地铁，城市防灾、防空，基础设施中的上下水，地下管网通道，地下商业需要布设。在地面为了形成历史空间不能建高层建筑的时候，地下空间开发尤为重要。

友好的地下空间，要宽敞不压抑，要通畅不憋闷，要易达而安全。

如果一个小猫小狗小动物，不用牵引能自己从地下爬到地上来，从地上走到地下去，这就是一个良好的内部交通设计。

当然，在汽车时代，足够的停车场是项目的必然要求。为此，项目要做到地下二到三层。地下一层为商业用途，与地面复合设计，地下二三层做停车场和交通空间。

在国外，有许多用地宽松的地方，还要刻意做一些地下空间。甚至，有点像我们陕北的平地窑，地面靠着大楼部分突然陷了下去，一个大坑，坑里有遮阳伞，伞下是咖啡、午餐吧。原以为用地紧张，后来才体会到，是为了空间的丰富性，这一个下陷的坑，既解决了地下空间的采光问题，也解决了灾害避难问题。

对于有超高空间要求的项目,如博物馆、IMAX 影院,有了地下空间,即使地面只有一层,也可以满足要求。

3.智慧城市

不是有 WIFI 的城市就是智慧城市。能自己调节能源结构,自己调整公共设施服务工作量,甚至自动调整周边车流人流等一系列人与环境互动行为的城市才是智慧城市。中国现在由建设部发文,确定了 52 个智慧城市,这个标准并不高,也许是中国国情的原因。西城往事以智慧城市面貌出现无疑有后发优势。

新技术还在不断涌现,在智慧城市方面,没必要追求最先进,必须使用成熟技术,追求性价比。同时,为未来技术进步留下接口。在这一领域 IBM 走在前列,且有世界经验,我们就不妨同它合作。

四、浓缩了的文化旅游中心区

1.变体的城市综合体

历史文化街区,集旅游、购物、餐饮、休闲于一体,就是一种变形了的城市综合体,它基本可以满足市民和游客生活所有物质需要。只是历史文化街区的交通组织,不如大型综合体集中在一栋大楼内、在室内进行。

历史文化街区更有趣味性,更有文化感。

全世界范围内成功的城市综合体很多,早期的美国纽约洛克菲勒中心,日本东京六本木,法国拉德芳斯。香港朗豪坊更标新立异,旺角是个寸土寸金的地方,他们把城市综合体办到楼顶上,从四层往十四五层,一边是通高十几层的手扶电梯,一边是通高十几层的开敞空间。气势非凡,使用方便。

目前,大型综合体都能做到室内景观室外化,但毕竟在室内,局限很大。例如,树不能太大,不能成林,水不能太深,不能成河、成湖。历史文化街区的魅力正在此处。它可以让游客、让市民、让消费者享受到沧海桑田般的存在。斯坦福 shoppingmall 是旧金山乃至硅谷地区最大最高档的城市综合体,它就是一个街区式商业,它的室内都不表现历史,因为只有百年。主要表现花、木、石、水景观,它甚至没有吸引小孩子的游戏、游乐空间,但它的成功全世界闻名。

2.幸福空间

城市综合体从城市进步来看,已是一个成熟产品,于是全中国所有的城市在蜂拥而起建设这一庞大的城市商业堡垒。然而综合体只是从购物方便、全天候、全季候的角度出发进行设计,它自身的缺陷非常明显——人性化不足。这就为超越它提供了可能。西城往事就是超越它的新一代综合体。中国建筑总公司董事长易军先生叫它幸福空间,很妥切。

幸福空间,让城市综合体有了旅游、休闲、休憩、学习的功能。

图8-2　"西城往事"规划设计图

孩子在幸福空间里要有糖果空间、游戏空间、游乐设备,来了不愿走,它虽不是游乐场,但其游乐功能不在游乐场之下。

青年和中年人在幸福空间里要有健身、交友、欢唱、餐饮、艺术(音乐、绘画、博物馆)、商务,甚至个性到博彩、爱情空间,他们是消费的主力。

老年人则要有保健,甚至医疗、康乐、养生、回忆、家政、行游空间。

智障残疾人士要能在这里正常生活。当然,商品必须丰富又物美价廉。还有,得让私密空间更私密,公共空间则要让游客和消费者、消费者和消费者互为风景。

第三编
轻松舒畅的风景

　　我们既是城市的建设者,也是城市的居住者,我们每个人都希望自己居住的城市是美好的幸福的,有认同感和归宿感。当我们创想去建设城市的时候,灵感与创新都离不开平时对各类城市的观察认知与感悟,行知天下,洞烛细微,学而习之,发现城市之间的异同,把主流之外的很多生动、丰富的内容表现出来,让它们游动在高楼大厦之间,成为这个城市鲜活的小品,成为城市的"侧面"。

　　显然这一部分的内容及表述风格与前两部分完全不同,唯其不同,才更丰富。

第九章　以历史文化的名义走进联合国

第一节　去纽约,去联合国,因为大明宫,因为西安

去纽约,在联合国总部举办一场电影首映式,不是我的同事们的奇谋,也一定会是创意。2009年的夏末,我得了重感冒,去美国的行程是在病床上匆匆定下来的。

8月19日接到中国常驻联合国使团的来函。9月9日,在联合国总部举办"西安城市形象推广暨史诗纪录片《大明宫》国际首映式"。总共二十天的准备时间,而真正的工作时间只有十一天。紧张得不能喘息。记得是一个周五下午拿到签证的,基本上是最后一个工作日的最后一刻。而机票是下周一6:30分。没有什么个人行李,但活动的器材设备、材料,足足带了二十箱。

飞机上,我们开了一个碰头会,下了飞机,联合国办公厅的陈峰教授,中国华侨商会的赖唐立先生已在机场等候。一到宾馆,马上又是开会。对于联合国的现场情况,可以说全团成员一无所知。好在第二天一早可以去看一眼,而第三天,现场布置一共就只有一个半小时。一个半小时里,要安排一个二百人以上的活动,并且有七位联合国副秘书长、助理秘书长出席,还有四十多国大使,四十多家国际媒体,而我们加上两名华人志愿者大学生,人员总共才十二个,还要分

成迎宾组、放映组、媒体接待组、现场设施组。挑战是显而易见的。

　　纽约时间 2009 年 9 月 9 日十一点，我们工作人员进入联合国总部，联合国的安检格外严格，存包、脱鞋、脱外套，和机场安检一样，但要进入办公区，还得查护照、请柬，门卫核对他手上的名单，缺一不可、错一不可。上到四楼，可以看到大玻璃外静静的东河，以及河对岸灰色的皇后区。十二点，客人陆续到来。刘振民大使和夫人及中国代表团的新闻官潘先生一起来，我先递上市长致中国使团及刘大使本人的信和给予我的委托授权书。紧接着，南为哲副秘书长就到了。这是一位高个子的印度人，汉语流利，他身兼秘书长、办公厅主任，统管行政事务，很热忱。半个小时，客人就挤得满满当当。好在提前有预案，我们另外设了一个放映厅，两个放映厅一内一外，内大外小，才使大部分客人得以照顾。

　　十二点五十分，刘大使因为和潘基文秘书长及其他四个常任理事国大使还有会，我们的活动提前开始。

　　紧有急智，潘新闻官先上台宣布活动开始，刘大使上台致辞，客套话用英语讲完，进入正题，刘大使的正式发言用汉语，从唐朝讲到"唐人"、"唐人街"，讲到"华人"，"华埠"，讲到"中华发展"。在联合国的讲台上，讲这些词，又推广的是"今西安，唐长安"、"今遗址，古宫殿"，似乎特别得体。大使高度赞扬了这一活动。再过一周，联合国大会召开，时任中国国家主席胡锦涛任内首次访问联合国。此时，给胡锦涛主席来访做一个文化热场，不俗，不媚，恰到好处。

　　陈教授邀请南为哲副秘书长致辞，南先生讲中国的发展，讲西安，讲大明宫，似乎都与之很熟悉。陈教授和他前一天晚上交流过了。轮到我了，面对台下几十家媒体的摄影机，照相机阵，我只有一个反应，"声要大，要字字清晰"。金铁木导演受我邀请上台致谢后，电影精华片就开始了。过程中，我们几个讲英语的、不讲英语的都在不停地接受采访。《纽约时报》、《Good News》、新华社、凤凰卫视，应接不暇。

尾声时，六名《日月大明宫》演出的模特儿上场，全场眼睛又为之一亮，《日月大明宫》是现代唐装秀，主要是表现武则天在大明宫的一天活动。全剧还未编完，只能是片断演出，又因为担心派演员费用太贵，我们决定只发服装过来，在纽约找华人演出团体表演。谢天谢地，演出虽然只有十几分钟，但很成功，第二天许多媒体发的照片，就是领导和这些演员的合影。

活动结束后，陈教授带我们参观了联合国的办公区。三楼一整层都是媒体区，各大媒体都想在这里办公，但即使中国的新华社也只有一间稍大一点的房子。二楼是会议室，安理会会议室在电视里最常看到，当时正准备开会，我们只是从门上瞄了一眼。经合组织的会议室没有人，我们得以坐在中国的席位上拍张照片。联合国的大楼太旧了，所以不得不装饰一下，这一装饰，耗资 19 亿美元，还要关闭三年，所以我们这次活动办完之后，在大楼里申办活动要三年以后才行。

时间虽紧，但成就巨大，一座古城，因为一座宫殿遗址而走进联合国，是以前从没有做过的一个梦。

第二节　纽约和公园

最早知道纽约中央公园是看了关于宋美龄晚年生活的报道，说宋美龄住在纽约，中央公园旁。但这次，我们真碰到了一个让我有点错觉的老太太。

老太太的中文名字叫孔凡庆。第一次见面,是和纽约公园管理局局长安德瑞、中央公园管理公司主席道格拉斯午宴。老太太满头银发,很和蔼,汉语流利。要不是仔细端详确认她是白人,我一定会认为她可能是孔祥熙家族的人,或者,直接就是"孔二小姐"、"孔三小姐",而且她家就在第五大道上,正对着中央公园中部。

老太太家住在十五楼,也是那栋公寓最高的一层。从窗户往下看,可观中央公园全景,左下角就是大都会博物馆。她还用窗户里拍的照片印刷了一张明信片,发给朋友。

老太太的优雅是表象,但富绰是绝对的。她的公寓不是一间房,两间房,而是整整一层楼。老太太知道我们在联合国的活动,知道中央公园对我们所做的大型文化项目有借鉴意义后,放心让我们参观了她的公寓。公寓面向中央公园有两间房,一间是书房,一间是客厅。客厅的墙上,壁柜上摆满了中国的工艺品,还有一套完整的清代瓷盘,价值不菲。房子的另一侧是其他三间卧室和一间大餐厅,一间大厨房,厨房的橱柜上有一张老太太和章含之女士的照片。孔老太太讲,章含之是她的好朋友之一,去年去世了,而她的同学兼朋友,是一位华人女设计师,是林徽因的外甥女。不用说,老太太学习和工作的年代,她所认识的任何一个华人,对我们来讲都是华人中的名人、巨人。老太太很热爱中国,来过中国56次,她的基金会在中国捐了很多钱。

纽约中央公园内有一个餐厅,想必是比较昂贵的。餐厅藏在公园内不大深处,有路直通,入口很平常。绿色的篷布做成的遮雨道,走进去曲曲折折的一条玻璃的镜廊,镜廊也不宽,西方的这类功能性设施总是够用即可,并不特地追求宽大、辉煌。所以,反倒显得人不渺小。走到最里边，豁然开朗，是一个全落地玻璃的大厅，拥挤的摆满大大小小的桌子，桌子一律的白台布，烛台。因为向外的全是玻璃，所以采光很好，室外的树木直接就融了进来。室内也完全在自然景观中。

道格拉斯，中央公园管理处的主席，大高个子，坐在我的右手；安德瑞，纽约市公园管理局的局长，眼镜，白人里的"黑人"，坐在我的左边。这样交流方便，但也让我应接不暇。安德瑞是公职人员，纽约市大大小小的公立公园都归他管。每年，全市新建十五六个公园，在国内任何一大城市，也都是一"角儿"。纽约当是世界城市首富，但关于纽约，听的负面消息很多："9·11"、拥挤、肮脏、色情、暴力，所以以前我对纽约的印象并不好。听了安德瑞的介绍，再加上几天下来在哈德逊河边宽阔的林带里散步，去城市边上的购物中心途经的大面积林区，让我觉得以前的判断有点"乡下人进城"的感觉。

纽约中央公园是私有的，所以道格拉斯是职业经理人。中央公园不是最大的公园，即使在纽约也不是，但名气它是最大的。因为150年的历史，因为它在最富城市最富有的区域。道格拉斯说，去年，即使是金融危机中，离中央公园十分钟路程内的房产的价值甚至仍升值15亿美元。这就是中央公园的魅力，这个公园让这个城市的价值一直在坚挺着。纽约中央公园年预算2800万美元，2/3靠捐款，道格拉斯也不容易，在美国，能筹来钱就是大爷。

道格拉斯当导游，我们游览了一次中央公园。地上的中央公园和空中的中央公园完全不同，从空中看，中央公园像茂密的森林，根本看不透；而从地上看，中央公园是中空的，树木都是成百年的大树，高大翁郁，除了几块专门开辟的草坪和水库外，人整个是在树荫下穿行的。有一块草坪叫"Sheep Meadows"，中文是"牧羊草坪"的意思。

道格拉斯讲："是的，三十年前这里就是牧羊的地方，而我们中午吃饭的地方，就是当时的羊圈。"哈哈！正好我们路过一张路牌，路牌上照的是三十年前这里的照片。我觉得，这就是世界遗产的一种标识方式，告诉游客，一千年前是什么样子，十年前是什么样子，现在是什么样子。

中央公园完全是人工造的，只有那些巨石，是造园之初就留下的。设计师很聪明，许多地方，就顺应这些石头的存在，造出一些"野园"，大树下是野草，还有不知哪年就倒在地上的枯树干，游人是进不去的。整个公园从南往北，高差非常明显，南部局部在第五大道平面下七八米处；中部，高出第五大道七八米。因为园子太大，所以，徒步要一次走完公园不容易。所以一般游客并不能感觉到高差的存在。

中央公园并不是没有建筑，有得是。靠第五大道，是著名的大都会博物馆，公园内部还有散落在许多地方的管理用房、人造的游览设施，码头等。公园最著名的景点之一是一百年前用铸铁仿造的大理石桥，至今仍在使用。如果不是道格拉斯特别提醒，没有人会认为这是仿造。不过一百年前，铁是可能贵过大理石的，用"金子仿造银子"也是一种美国式的创造吧！

道格拉斯看了大明宫的规划，也来参加了我们在联合国举办的《大明宫》首映仪式，所以，当我们提出发起成立一个世界大城市中央公园协会组织时，他欣然答应。签订双方的合作协议是第三天下午七点钟，在他的办公室，当是已过下班时间，因为我们去市政厅见布隆伯格先生耽误，他就一个人在办公室等候我们。

我们邀请了道格拉斯在2010年的10月出席大明宫国家遗址公园的开放仪式。他会来的，我们有这样的自信。

第三节　昭陵二骏神亦然

"昭陵六骏"是唐王李世民墓前六座战马雕刻。其中"两骏"20世纪20年代流落海外,现藏于宾夕法尼亚大学博物馆。

去宾大,就是冲着这"二骏"去的。

宾大,就在"费城",费城的英语是 Philadelphia,全译应是"费拉导费亚"城,中国人译成"费城",实在有点"意译"的意思。费城是最早发布《独立宣言》的地方,自由宫、自由钟仍在,后来首都才迁至华盛顿。这使我想起长安,曾经的国都。

到宾大时天下着雨,宾大博物馆是一座砖砌的建筑群,和周围的现代建筑相比,完全不同,很好区别。博物馆的副馆长罗氏,在等我们。罗氏不高大,笑容可亲,是典型的常春藤大学教授的模样。但罗氏的学术地位是——美国考古学会主席。宾大的体制是这样,你能筹来钱,你可以做校长,但学校真正管教学的人是教务长。博物馆也是这样,现任的馆长"霍金氏"是英国人,正在英国公干。

在罗氏的办公室寒暄了一会儿,我们就直接去看"昭陵二骏"了。从二楼上三楼,一路穿过了大大小小七八个展厅和过厅,到了走廊的尽头,在修复室里终于看到了叫"飒露紫"和"拳毛䯄"的石刻。总共大大小小11块石刻平躺在地板上。"飒露紫"被分为三大块,"拳毛䯄"被分为八小块。在微黄而不太明亮的灯光下,"飒露紫"的三大块更为醒目一些。三大块结构的石刻依次摆开,每块大小也仅约1.5米长,0.5米宽,大约与一个小学生的长课桌相当。据后来上来的中国女学者周秀琴讲，从墙上拆下来时他们磅过，每块石头约1.5吨重。说到这，突然我的眼前一下子就去了八十年前。在昭陵前，那些卖先人而求利者，如何把这"两骏"大卸八块，因为以当时的技术，没有起重机械和设备，一整块约5吨重的石刻没有几十人是奈何不得的。在光明正大的旗帜下，可以运用这么多劳力，而偷偷摸摸的行为，最怕暴露在阳光下，不管是文物贼，还是收藏家卢琴斋，都只有拆解它才能长距离运输。我们面对的是历史上的伤痕。这块巨石，可能是来自富平的大青石，在山上时，也很普通。等它被雕成"六骏"时，轰动一时，及至当它在太宗墓前站了千年，成为文物时，价值连城，可惜上世纪初国力的积贫积弱，它们漂洋过海。今天，它是一件来自中国的艺术品，一件蕴含着民族最强盛时代历史信息的文物，是和我一样的中国人心里的一个痛。

抚摸着它，表面上黄色的土痕依旧在，这可能就是长安最精致的那粒尘土。碰巧，被雨水打湿在了石刻上，千年之后，遂能再被看见。人何尝不是这样？渺小到我辈，能遇上大明宫这么一件不可再世的工程，我们这粒尘土才可能淡淡地有一点微痕。

周秀琴女士讲，石刻拆下来后，还有许多新发现。例如，牵马人的帽子后有一条长长的带子，这应是西域人的打扮；腿部有一点三角形的东西，应是刀鞘；边框上的纹饰，与唐的并不相同等。断面处以前的封闭和填充也有新发现。

罗氏教授告诉我们，这次把"两个石刻"拆下来，是因为我们提议过搞一次全球巡展。另外，从买到它，几十年从没有维护过，也想把它加固一下。

我哪里是想什么全球巡展啊，我就是想让它回中国展览。只因为有关文物政策过于敏感，国人对这两件文物感情过深，才想搞一次全球巡展,把中国作为其中一站。这"两骏"因为它周游美欧,故事精彩,如果它一直保存在昭陵,或者和另外"四骏"一起,收藏在西安碑林博物馆,一定不比现在更有吸引力。价值就是在流动中产生的,也是在流动中增加的。

我向罗氏教授提了几点建议,一是我们曾拟派两名中国文物专家志愿者来美帮助修复"二骏",现在我们再增派一名当地的工匠来。没有人能比我们当地人更了解这些石头的纹理、机理。二是关于"二骏"的回国问题,可以探讨三种或多种方式,第一,可以搞一次文物巡展,我们在国外购两件等价值中国文物抵押在这里;第二,我们向博物馆捐一个中国馆,换取这两件文物;第三,请宾大开价,我们购买这两件文物。总之,让"二骏"回一次中国,我视为一项使命。

离开修复室,进入宾大博物馆的主馆。主馆非常独特,圆筒形的建筑,高度有二十多米,半径有二十米左右,放在其中的都是直立起来的大文物。正面整面墙上是两面来自中国山西省的元代壁画,我记得大都会博物馆也有一幅。大都会的是主殿的,这里的是侧殿的。拼接得非常完整,不留心是看不出来的。壁画下,是一塑一米多高的佛像。因为佛像有一米多高的底座,所以也得仰望才是。"二骏"原来就在这个馆的一面侧墙上,这间分馆里的文物,大都是与"二骏"同一批购买来的文物。

宾大曾参加过埃及的考古,所以,有一个埃及馆。馆里有完整的狮身人面像,和庙宇的石柱子。想来,在埃及,这些东西也不多,还有两个木乃伊墓室,完全恒温恒湿,有一个墓室并排躺着三具木乃伊,原模原样。馆长告诉我,因为宾大的生物和医学院也非常强,所以,他们解剖了一具木乃伊,发现了木乃伊死前的病因。这种跨学科研究当然是这类综合大学的优势了。

　　宾大有一座了不起的博物馆,宾大博物馆对待文物有科学的手段和巨大的投入,同时,他们也有自己的原则和良心,值得尊重!

第十章　海与海岸之间的海岸线
——行知美国

太平洋从旧金山湾进了西海岸,形成了美丽的旧金山湾,海湾自旧金山大桥下从北向南延伸,平静而又宽阔。夹在海与海湾之间的西海岸城市珠连、人口密集、树木茂盛、经济发达,开创了当代高科技辉煌的硅谷就在这里。海岸上的旧金山、斯坦福、圣何塞给了世界一个人文、创新、强悍的美国印象。然而,生活在这里、创造这一切的美国民众却平和、坦荡、务实。个性、人性、有序的美国生活、美国教育、美国城市在这里鲜活而普通。

第一节　芭芭拉家

2005 年,美国的冬天似乎要比中国的晚。斯坦福大学的冬季学期开始在 2006 年圣诞节之后。我是在中国春节前到达旧金山的。那时,圣诞节大假刚刚结束,我记得到达的第一天是雨天。此后的一个月都时大时小下着雨。旧金山的冬季是雨季。

像任何一个中国留学生及学者一样,抵美的第一件事就是找住处,我很好运,到达第三天便在导师的帮助下找到一间理想的房子。我的房东是一个退休的小学女老师,满头灰白头发,腿脚有点不便,叫芭芭拉。

芭芭拉的房子是典型的美国 house，坐落在森林中，占地大约半英亩多。后院里有四五棵高大的红杉树，三棵叫安巴的大树在房前。树下所有的地面都覆盖着草坪。

房子只有一层，车库在最边上与厨房连在一起，除了车库，整个房子有一个大客厅，三个卧房。芭芭拉使用面朝后院的主卧，我住在一个朝东面围栏的小房间，大约 9—11 平方米，就一张单人床，一个床头柜，一个书架子，一张办公桌和一个极大的壁柜，以前是她女儿的卧室。直到现在，我都在想，为什么美国人的身材要比中国人高大，但他们的住房设计得却比中国人的要小一号。房间虽小，但由于室内外景观结合得很好，倒不压抑。我的卧室的正面是一面大玻璃窗，窗外有一树不知名的粉红的花和一树繁盛的黄色柠檬，它们像画一样"贴"在窗上。这些柠檬没有人采摘。花朵也三四个月不谢。每天凌晨我起床后第一眼就是这样的景色。

从芭芭拉家到办公室走路仅需要 30 分钟。去办公室的路上要经过一条比较深的小河，这条小河将门罗帕克市和斯坦福校区分开，沿路有一个公寓区和好几个体育场，一路的景色十分漂亮。

当然，芭芭拉收的房租也绝对不便宜，每月 650 美元，比斯坦福提供的宿舍贵出 20%。相当于一般收入者税后工资的三分之一。

第二节　今夜没有暖气

一天晚上我回芭芭拉家比平常晚了一点，当我打开大门，芭芭拉坐在轮椅上，面对着我，她说："对不起，今晚没有暖气，可能是供暖

图 10-1　作者与女儿在芭芭拉家

系统坏了,我试了好几次,但仍启动不了。"事实上,旧金山的冬夜并没有中国北方那么冷,夜里盖床薄被足矣。我也不很在乎有无暖气,芭芭拉说她已经打电话给空调公司,但他们说明天才能来。

美国有的州的法律规定,冬天不能以任何理由停止向房客供暖,否则房客有权去住酒店,费用由房东支付,所以我虽然不在乎有无暖气,但芭芭拉必须告诉我事情的原委。我有权作出自己的选择。

大约十分钟后,我听见敲门声,由于芭芭拉不方便,我过去开了门,三个着棉制服的大汉站在门外,芭芭拉允许他们进屋来,他们很专业地检查了控制器以及装在地下室的主机,然后他们告诉我,修理工明天会来,他们是谁? 我不知道,当我送他们离开时,我才看见一辆消防车闪着警灯停在路边。刚才开门时我竟没看见。

美国的消防队员几乎是哪里有需要，就出现在哪里，后来，我多次看见消防队员在抢救伤员，疏导交通。

第三节　吃在美国

美国人可能从来都不"以食为天"，吃在美国既不昂贵也不重要，当然，这都是对拥有合法工作的美国人而言。

各种各样的餐厅向来自全世界的人提供食品。最著名的莫过于麦当劳连锁。与此对比的是众多普通餐厅。美国人很乐意于享受这里的氛围和食物。一个人花 10 美元可以吃得很好，三五个人花 50—70 美元足矣。8 — 10 人花 120—150 美元可以吃一顿丰盛的大餐。

大多数的餐厅每周有一天休息。有个周一，我邀请我的导师夫妇共进晚餐。我到达市中心时比约定晚了一点，我导师夫妇提前到达了。当发现我想请客的这间餐厅关着的门上写着周一休息时，我更羞愧不已。事实上，周一休息可能是法律规定员工每周必须有一天休息，以及"星期一，买卖稀"的缘故。

美国的餐厅比中国的餐厅小，连大学的餐厅也不例外。所以中国大学的餐厅可以称为食堂，而美国大学的餐厅是远远不能用"堂"来称呼自己的。斯坦福大学有万名以上大学生，但它最大的餐厅也就能容纳几百人吧，但也从没见过这个餐厅比国内大学用餐更拥挤。斯坦福学生上课的时间从早 8 点到晚 6 点连续不停，即使中午 12 点也有许多教室在上课。所以，餐厅供应食物的时间被大大扩展，同时，高峰时间压力也轻。餐厅工作人员不需要在高峰忙碌而紧张地工作,同时,有限的"餐厅资源"也被"化整为零",可持续地使用了。

在美国做饭是件省事又便宜的事情,你可以购买到任何材料及作料。并且,不必担心假货,全世界的东西都想出口到美国来,市场竞争和准入使得美国市场上的商品有质量保证。一些商品即便用美元对人民币1∶8的汇率折合,还比国内便宜。350毫升装的茅台、五粮液仅售19美元(含税)合152元人民币。500毫升(1升)装的茅台酒在国内至少卖300元以上。一个中国留学生自己做饭的话一月食品消费最多100美元,如果他的全额奖学金是3000美元,仅占1/30。

留学生们一般都是一周做一次饭,做好的饭放在冰箱中,每顿拿一个饭盒热一下即可。其实许多美国人也是这样。我的导师夫妇都是终身教授,有三个儿子,他们说,当孩子在青春期正能吃时,每个星期天,他们要花六个小时做全家一周的饭。那时,家里就像个食品厂。

有时,吃在美国也是一件有趣的事情,一些中东餐厅会有肚皮舞伴餐。在美国的中国餐馆没有大菜可吃,什么东坡肘子、狮子头都是看不到的,想吃到地道中国菜,有点难。

中国春节那天,我们开车跑了200多公里,在海边买了两只大螃蟹煮了庆祝节日。其实,那天的汽油要远贵于两只螃蟹。

第四节　认识错误——美国人人性中最大的优点

美国人是全世界认识错误、承认错误、改正错误、承担错误后果最坚决、最彻底的人群之一。这或许才是美国人最大的优点和美国社会快速发展的原因。

美国人认识错误有广泛的社会基础。犯错误并不耻辱，人不可能不犯错误，明知错误，坚持错误才是一件不光彩的事。美国当下有一档收视率很高的电视节目——单身母亲给孩子认爸爸。美国每年新增单身母亲100多万，可想这是一个多庞大的群体。节目里会出现孩子的照片（出于保护孩子，孩子并不在现场）、单身母亲本人以及一个或几个可爱的"爸爸"嫌疑人和一大堆现场观众。节目开始，主持人介绍完孩子及单身母亲的情况，就由单身母亲和"爸爸"嫌疑人面对面，大多数的场面是"爸爸"嫌疑人极力辩解自己不是孩子的爸爸，而单身母亲"言之凿凿"证明他就是孩子的父亲。这期间的举证有许多丰富生动的细节，当然免不了也有愤怒的对骂。单身母亲的大致意思会是："我又不是妓女。""爸爸"嫌疑人肯定"你那时红杏出墙"。也不知道编导人员怎么说服这些人上台来暴露这些事情的。有一个黑人小伙子甚至带着新的女朋友来参加节目。并由新女朋友证实他与孩子没有关系。下来最精彩的时候到了，主持人会让双方当事人坐下来，他宣布DNA鉴定结果。当主持人宣布"爸爸"嫌疑人不是真爸爸时，刚才还气鼓鼓的单身妈妈便刹那间面红耳赤，大多数会跑回后台，摄像师当然会紧追不放。主持人也会带着观众看着现场当事人的表现。有一次一位黑人"爸爸"嫌疑人当场手舞足蹈，水平近乎专业。不多时，单身母亲会重新走出来，真诚地对"爸爸"嫌疑人说"对不起"，表情内疚而又坦然。我猜想过，这样的故事如果发生在中国，单身妈妈或许会不再责备"爸爸"嫌疑人，但是万万不会承认错误的。这档节目受欢迎是因为它反映了生活的真实，所有的参与者又都没有失去尊严。

美国的总统也在不间断地检讨自己的错误，在美国人及美国法律看来克林顿与"实习生"有点什么事件不重要,重要的是他不能欺骗美国人民,不能对独立检察官说假话。克林顿先生道歉了,他的英明和政绩拯救了他,使得他的任期延续,最后完美谢幕。

犯错误是人性,追求完美是人性,但公开承认错误和改正错误不是人性。让非人性的东西能够渗透到人性中去,这应是文化和社会的优胜优选法则。

第五节 感恩节、志愿者和捐赠

圣诞节是包括美国人在内的天主教、基督教教徒的节日。

感恩节是包括美国人在内全北美人的节日。

圣诞是一个神的生日。

感恩是一种生活态度。

生活在美国。感恩节是比圣诞节更大更重要的节日。

2006年的感恩节是星期四(美国的感恩节法定是11月第四周的星期四)。周一上午我照常去了办公室,然后去教室。奇怪的是到了上课时间教室仍空无一人,我这才发现校园里也几乎没有了学生。斯坦福巨大的校园平时也很安静,所以如果不特别注意,是观察不出什么异样的。等我的导师马克教授来后,我问他学校今天是不是放假。他说是的,放假通知在新学期开始时已写在《时间安排》里了。无须要再次特别通知。感恩节那天晚上,我们全家受邀请去一个朋友家吃火鸡,朋友的孩子远在纽约上大学,也飞回了西海岸。一周后再返校。

美国人的感恩是一种高度文明下的情怀,并没有太多的虚伪和套路。日常生活中,你也可以处处感受到他们出于感恩而对他人的真诚帮助。美国的志愿者组织是一个庞大的体系和人群。志愿者来自社会的各个阶层。有大学教授,有公司高层,有普通学生、家庭妇女,也有政府官员。政府机构及许多非营利组织也都招募志愿者。上政府网站必有一个栏目是志愿者招募,社会各个层面都给志愿者提供了奉献他们无偿劳动的机会。我房东的女儿大学毕业后去中东做志愿者,在巴勒斯坦和以色列边境做和平事业。这是一个非常典型的、漂亮的、干练的、极具绘画天才的美国女孩。我见过她两次,一次是她陪同法塔赫竞选巴勒斯坦总统失利后的候选人来斯坦福大学作报告。同时,她也在教堂展示了一下她的作品和工作。第二次是巴以关系再度紧张后,她回美国募捐,去一个社区图书馆作报告。她在美国找一份工作没有问题,但她对这份没有报酬的工作很投入。从她所提供的图片和录像中能看到危险的工作环境,艰苦的生活条件以及周围充满仇视的眼光。

总的来说,美国是一个和睦的社会,虽然常有媒体报道枪杀案、凶杀案,但在这样一个传媒高度发达的社会里,基本上是有案必报,想想美国民间合法拥枪数百上千万支,这些恶性案件的发案率还是很低的。我晚上一个人常在街口散步,也从没有发现什么危险。想象这种平和、和谐应是和感恩的心态有关,如果每个人都对社会、对别人心怀感念便欲望不多,欲望不多便和平处世。以前听说比尔·盖茨要在死后将财产捐给社会,觉得比尔富有而高尚,及至与百姓生活在一起,才知道其实美国大多数人都在身后将巨额财富捐赠回馈给了社会,比尔只是捐赠巨额,更具新闻价值而已。

第六节　市长，你为什么不关心我们的孩子的教育？

加利福尼亚州有著名的斯坦福大学和加州大学伯克利分校、洛杉矶分校。但加州的中小学教育却在全美排在 40 名以后。圣何塞市是硅谷的市中心，也是集中了许多优秀亚裔的地方，聪明的中国工程师比比皆是。华人对孩子的教育抓得紧是出名的。要提高中小学教育质量，政府当然是有责任和义务的了。于是，一些华人便联合起来在市议会开会时去发表自己的意见。

议会和市长当然是很认真地听完了华人代表的意见，可是，并没有动作。长时间的分析后，大家推论：你们华人在市长选举时，不关心政治，也不出来投票，现在你们提的问题政府也很头痛，但解决起来也不能一蹴而就。解决不了是政府有难处，你们就理解吧，或许下一届市长有办法，如果下一届市长候选人不答应你们，你们就别选他。

上面的故事也许有虚构的成分。但是，美国的政治和每个人息息相关是不争的事实。

美国人热爱政治，参与公共管理。在总统选举（大选）时，会积极投出自己神圣的一票。平时，市议会的旁听席上总是坐着热心的市民。市民、游客可以在申请后进行三分钟的发言，什么专题都可以谈，市长和议员会洗耳恭听。美国有无数的非政府组织，向这些组织中的非营利组织捐款、捐物可以折抵税款。难怪那些非营利组织虽然没有营业收入，都有自己足够的经费支撑去完成自己的工作和功能。

在美国,经济学家说经济增长、就业充分、福利提高,形势一片大好,股票会涨;而当百姓说,今年的工资花起来比以前紧张时,总统将面临着下台。

第七节　城市图书馆

美国的城市大都有许多图书馆,这些图书馆不只是简单借书还书的地方,其实,都担当着社区中心的功能,"图书馆"只是个称呼。

巴拉阿托市有五个图书馆,一个主馆,四个附馆。每一个图书馆服务于 1 万—1.5 万人。每个图书馆被分成几个功能区,一个区是储藏区、书架区,大约占四分之一,一个阅读区,大约占一半,其余的是服务区或员工区。书架区和中国的图书馆一样,读者可以自由进入。阅读区是最重要的也是最有意思的区域,设有课桌、沙发和儿童游戏区,以及免费的计算机上网、工作或打印。福利差的城市每天每个读者可以免费打印五页材料,福利好的城市每个读者每天可以免费打印十页。许多中小学生放学后会在这里做作业、看书,而不回家。服务区大部分在图书馆的中间或者出入口处。还书是不需要到服务区的,把书放进归还书盒子里即可。并且就近还书,也不需要哪个图书馆借,哪个图书馆还,整个城市的五个图书馆是一个网络体系。读者可以在这里预约借书,预约到时,直接去预约区去拿自己的书即可。

所有的图书馆都有电子光盘区,这些电子光盘从电影到政府文件都有,我女儿喜欢借卡通,而我喜欢看一些纪录片。

想拥有一张借书证很容易,填一张表格或者出示一下驾照即可,无须押金。我女儿有两个城市的借书证,她向我"秀"过。

每个图书馆周围都有一个"大操场",操场包含几个足球场、棒球场,美国人叫它"公园",这些设施和图书馆一样由政府来管理和运营,这一定是一笔庞大的支出。我曾读过一则网上公告,图书馆临时工的工资是每小时18—21美元。美国的出版物又是特别贵,可以想象这笔公共支出不会是小数目。然而,无论如何,美国人喜欢图书馆,而且愿意支付高昂的税金来维持它的运行。

第八节　停　车

对美国人来说,停车是件重要的事情,许多方便和不方便并存。众所周知,这是一个站在汽车轮子上的国家,千万台或许上亿的车辆每年要消耗掉全球汽油的26%。美国人停车的方式也很多,有无数的停车楼、大型停车场,以及大量的街边停车位。

停车场在繁忙时肯定不够用的,但总的来看,停车位设计得很科学。许多街道有限时免费停车位,限时收费停车位,从20分钟到3个小时不等,超时罚款或者车被拖走。

许多情况下需要停车许可证。有时停车场会紧张到有钱有权都停不了车。据说在著名的加州大学伯克利分校连校长都没有专用的停车位,只有诺贝尔奖获得者才有一个专用的车位。

停车的困难使很多人爽约。我的一位朋友去圣何塞大学办事,开着车绕学校转了一个小时竟然找不到车位,最后只好作罢。

不过再小的停车场都会有残障人士车位,残疾人的车位又宽又大又显眼。残疾人士停车要把一个蓝色的牌子挂出来,否则,照样罚款。

按照加州的法律,去商场和银行门前停车不能过夜。我一位朋友告诉我警察在没有计时器的情况下是怎样判定违法停车的:当警察第一次路过停车场时,会在车轮上用粉笔做一个标记,几个小时以后,如果被标记的车仍然停在那里,毫无疑义,这是一部违法停车。所以每个人当车轮上有标记时,就该加倍小心。

我曾经看见一部车被拖走,拖车技术之专业让人叹为观止。记得那是一个大太阳的好天气,我在停车场等人,我的旁边停了一辆白色的小轿车,车头冲着花坛。当拖车向我开过来时,我以为我违章停车,还紧张了一会儿。拖车直接开向停在我旁边的白车时,我才放松下来。拖车司机没有任何迟疑,首先他用车载升降机架起了白车的后轮,然后,他拿出两个一米多长,带有两个小轮胎的金属杠杆,靠在前轮边,并用打千斤顶的办法将前轮架上去。至此,白车已全部脱离地面,拖车司机又取出四条像消防水带一样的帆布带分别将四个轮胎固定在架子上。最后,拖车司机又拿出两个指示灯放在白车顶上后驾车离去。

第九节　清洁城市

斯坦福、门罗帕克、帕拉阿托是三个相邻的城市。其实应该称三个相邻的城镇。每个城市都只有3万—5万人口,但却都有各自的中心商业区和市政厅。这三个城市都位于旧金山湾区,面对太平洋。它们就像我国的沿海城市一样干净,不同的是中国的城市总能看得见扫路机和环卫工人从早到晚在忙。

旧金山湾区的城市似乎从没有见被打扫过，却也从没有见脏过。事实上，还是有人照应这些城市街道的卫生的。在我去办公室的路上我看见过园艺工们在收拾路两边的树木。这些园艺工大都是墨西哥人，他们开着皮卡，拖着粉碎机，所有剪下的树枝都被粉碎后撒在地上。这样免了收集树枝之繁冗。树又从腐烂后的树枝中吸收了营养。同时，土壤被覆盖又阻止了尘土飞扬。

树上的落叶在春夏并不多，园艺工们会用背式吹风机将这些落叶吹到路边，秋冬落叶特别多的时候，他们是用清扫车和大型车载吸收器处理。这种景象我也只是在费城见过。在西海岸还未曾看到过。

几乎所有的私家花园也是园艺工照料的，房东只是付钱而已。我的房东每月的园艺工花费是 175 美元，我的房东芭芭拉睡懒觉，我曾替她送支票给园艺工。

政府管理或公共管理的重要部分是公用设施的维护，维护的精心和花费也是让我感慨不已。斯坦福大学主庭院前大草坪上的石栏杆竟然是拆下来进行清洗的。并且这个只有二三百米长，一米左右高的栏杆整整用了八个月才清洗结束。为了保护草坪不被铲车压坏，仅草坪上铺的被压坏的木板恐怕都不是一个小数目。当然，清洗完后的效果是非常好的。

对了，我的确也见过最壮观、最壮大的车队。一天，我正驾车行驶在有美国经济景气标志之称的 101 号高速公路，路上交通繁忙，双向八车道满满当当。突然，我看见一串显眼的、小小的、红色的标志在道路中间，我像其他所有的汽车一样减速行驶。接着，我看见 6 台大型载重车一样的扫路车呈一条线状在前面的车道上缓缓行驶。机器轰鸣，前后各有两台警示信号车。车队从头到尾延续有 200 米长，这是我所见过的最有气势、最壮观的车队了。

第十节 美国没有自由女神像

自由塑像（statue of liberty）在美国的地标中，是最为著名的一个。在 19 世纪的海洋年代，那些从欧洲航海经大西洋到达美洲大陆的人，第一眼看到的恐怕就是这座位于纽约外岛的铜绿塑像了。

在国内听多了"自由女神像"，众多的汉语文字资料也写明是自由女神像。所以，当我第一次与美国人谈起自由塑像时，我用了"statue of femalegoddness of liberty"，但是，与我交谈的美国人显然不懂。他们茫然。我再次解释是指位于纽约的那座塑像时，他们说，那不是什么女神像，仅仅就是一个自由塑像。我以为他们说错了，我又去请教了一个出生在纽约，曾生活在纽约 30 多年的美国老太太——我的房东。同样的问题，她也亦告诉我，没有自由女神像，纽约只有自由塑像。那座塑像的眼睛被"蒙"了起来，是为了不让她看见丑恶。我告诉她，中国称它自由女神像时，她说，为什么说它是一个神像呢？如果是神像，就要被 service 或者 worship（崇拜——像每周日去教堂举行的膜拜仪式就是一种崇拜）。按中国话说，就是：如果是塑像女神，就得给它设个祭坛，弄个香炉什么的。而自由塑像是不需要被膜拜的。事实上，也没有人膜拜它。

难道中国人错了？美国人崇尚的不是自由吗？当我继续向美国人提问，在他们心目中，美国人最尊重的东西是什么？我得到同一回答："宪法"——放在华盛顿国会山庄那个大玻璃箱中的宪法。宪法赋予了政府、组织、企业、公民各自的权力。当然自由也是一项权力，但并不是大于其他一切的权力。因为宪法，总统没有了窃听别人谈话的自由，也没有了与实习生有染而欺骗大众的自由；因为宪法，任何人没有了侵占公共财产的自由；因为宪法，黑人才有了与白人一样平等而不作为奴隶的自由。

在华盛顿林肯纪念堂旁边的"韩战纪念广场"上，有一句名言"freedom is not free"（自由不是免费的）。原来，美国人是把自由和成本最直接地联系在一起。

美国没有"自由女神像"，自由塑像只是一个符号而已。

第十一节　自由的市议会

帕拉阿托是硅谷典型的城市之一，当代高科技发源于此。斯坦福紧靠在城市的商业中心区。这个城市美丽的街道、公园及精致的私家花园在全美都有名。整个城市 26 平方公里，6 万人口，所以，市政厅也不大，仅仅是一栋地上六层地下二层停车场的白色建筑。市政厅的第一层包括三部分，大厅、小资政会议室和一个大的议员会议室，这里几乎所有的会议都向大众开放，并允许市民旁听、发言。

我连续两周去市政厅旁听会议，对于城市公共区域决策的制定程序有一点感触。市政厅的会议都在召开前一两周内在电视政务频道或者网站上发布过信息。市民可以根据兴趣选择参加。市政厅的会大都在晚上召开。除了节假日，每个晚上都能在这里见到"市政府"的"官员"。会议有长有短，短的一个多小时，长的从晚七点开到十一二点才结束。市长也夜夜加班，这是我没想到的。

　　我第一次去市政厅参加会议提前了一点，刚走进大厅，看见一个光头的无家可归者坐在大厅的沙发上，大厅只有我们两人。我跟他打招呼，他只是咕噜了一声，便把耳朵捂起来。我以为我做错了什么，等一会儿市议员们进来时，他依然这样，是一个怪人。

　　进入会议室，只有一个非常和善的老太太坐在一个长条桌边。会议室分两部分，一小部分是几把椅子围着的会议桌，一大部分是旁听席。老太太告诉我如果要发言，门口的桌子上有表格，请填一下。表格极简单，就是名字，门牌号，以及想谈的专题。会议时间到了，七个议员全都到了，会议由副市长主持。这是一个亚裔的五十多左右的女人。议员中女多男少，市长也是一位女性。那天研究的是"审计报告"。坐在旁听席上加上我一共三个人，过了会儿，另外两人都听从招呼，坐到桌上去汇报了，真正的听众就只剩下我一个人——一个陌生的外国人。会议向外全程直播，议员们在会上也可以喝水，吃点心，谈笑自若，但发言时先举手，后说话。气氛很开放，很活跃。

　　从那以后，我还参加过市政设施利用，人权及图书馆及艺术展览的会，一些在大会议室举行的会听众很多，许多旁听者都会被允许作三分钟的发言，听众们的发言五花八门，并非一定要和当天会议议题有关，一位女士患肺癌痊愈后，在会上说到全市禁烟问题，还有一位市民提出要修改一个交通标志。

　　会议关于所有事项的决定都要表决，大会议室可以看到表决器，小会议室则举手表决。虽然美国是多党制国家，但在这一个层面的议会里，看不到政党的影响。

第十二节　斯坦福的课堂

我有空闲时间时常去听课,博士生和研究生的课很有意思。但大学生的课则更自由和随意。

图 10-2　斯坦福大学

一天,我去上《城市学概论》课。这是为大二学生开的课程。教室大约有二十多个学生,我已经习惯了学生们在课堂上吃东西,喝饮料,甚至脱掉鞋子,但我仍然吃惊的是有一个坐轮椅的男学生居然带了一条大黑狗坐在教室。教授开讲的时候,我又看见一个女士搬来一张椅子面对着这位男孩坐下来,比比画画把教授讲的当场用手语翻译出来。过了大约半小时,男孩子的哑语翻译又换成了另外一个女士,这两位翻译显然都是私人聘请的。这门课的核心是公共原理,对一个残障人士是不适合的,但任何人都有权利学习他所感兴趣的。这是每一个人都有选择权的地方。在斯坦福的《课程计划》上我甚至看到过为一两个学生设计的课程。我曾去上过只有四个学生的课程,我是第四个听课者,但教授讲课依然用心。

我在斯坦福的第一节课,竟然是去上中文课。那是一个周五下午,我看了一下课程安排,几乎所有的课都标明"讨论"。我正好好奇国外怎么教中文,于是就去了一个中国教授为大学生开的中文课,教室大概坐了十二三个学生,大多是黄皮肤小孩,几个白人学生,也隐约能看出中国混血的痕迹。这些学生讲汉语都比较流利。那天课程主题也比较简单,像做游戏,两个人一组,讨论如果两个人是朋友关系,未婚先孕,而女方的父亲是一位传教士或牧师,他憎恨这一行为,他们将如何面对和处理这一难题。我记得一个男学生对合作的女孩说,你的父亲应该高兴才对,这是他的外孙,这是一个生命,然后哄堂大笑。

大部分的课程都采用数学方法并且直面社会问题。我上过《政治经济学》,教授讲的是为什么美国决定夏时制到底是 10 月初结束还是 10 月底结束竟然花了十年时间,在国会的游说团用了多少对数据去说明问题。即使烧烤协会也不例外地用数学方法证明夏时制结束得越晚越好。

我的导师马克教授的课是非常深奥和复杂的,他在 30 多岁就是美国科学院院士,他开辟了用数学方法解决基因遗传问题的新领域。他领导了许多重大课题,其中一个课题组在 2005 年中东的"死海"里发现了细菌级别的生物,遗憾的是,至今他还未获得诺贝尔奖。

大量的名人都会到斯坦福去作演讲,我在斯坦福期间,就有台湾中国国民党主席马英九、日本前首相桥本龙太郎、巴勒斯坦的总统候选人及现任总统布什先生。遗憾的是，布什的车队没能进斯坦福，因为几个反对伊战的人设了路障抗议伊战。

第十三节　美国的小学

有一篇关于中国与美国《小学生守则》比较的文章发表在《西安日报》上，我来自西安，但截至目前我也只在网上阅读了这篇文章的一部分。我觉得很有意思，我自己从事的也是比较研究，比较是一件很小但是很有趣的工作。

由于这篇文章以及我女儿在美国上义务教育小学的经历，我也琢磨了一下中美小学教育的差别。

我女儿9岁，到达美国后第十天，刚刚倒好时差，便顺利入学。在美国上小学、中学很容易，只要能证明孩子的住所，学区办公室很快就安排就近入学，即使非法入境的孩子也一样可以平等地上学，不需要考试，也不需要交纳任何费用，到校前只需要通过一个肺痨皮试即可。我女儿刚去上三年级，一个班十七八个小孩，课桌只占教室的一半，另一半则放着几部电脑，还养着许多小动物，我女儿说她照管的是一只小白鼠。我问她在美国和中国上课有什么不同，我女儿说，她认为课堂上最好的是能随便上厕所，而国内上课时间不允许去厕所。

学校给孩子提供教材，都是上一级孩子用过的旧教材，但都保护得很好，这些教材是不允许被带回家的。我女儿算是国际学生并且非英语国家学生，所以可以例外，另外她还可以借一些学英语的教具回家。其中一种教具很简单，但很先进，我以前从没见过，它是一套电子装置，包括一个可以插电子模块的塑料板，一个耳机，一套图书。当把图书放在塑料板上用笔指着图案时，耳机里会有标准读音出来。

我女儿的第一个老师叫密斯 C，密斯 C 已经 50 多了，灰白头发，她总是说着笑着并动作着，手舞足蹈。孩子上学后第一月末，是星期天，她告诉我们要带三个孩子去旧金山逛商场，其中两个中国孩子、一个美国孩子，帮助孩子认识商品，问我们是否同意，我们当然同意，只是让老师牺牲自己的休息时间并自己开车，于心不忍，便提出是不是可以付一点钱，她说不需要。那天她带孩子到下午四点才回来，一路还管孩子吃饭，回家时三个孩子手上还都拿着冰淇淋。

每一个老师都必须尊重每一个学生，责备、体罚孩子是违法的。老师总是鼓励孩子，有个故事："当孩子回答二十减八等于五时，老师也会说：'好，有进步，上一次二十减八还等于十哪。'"每天，都有一位和善的老年女老师在停车场接送孩子，她是校长，毕业于哈佛大学。

四年级以上的孩子必须学习一种乐器，乐器可以买也可以在社区图书馆免费借。学校定期为学生举办乐器表演，中国孩子也有学乐器的，但大多都在校外学，学完了也就只是回家表演一下，孩子们之间没有互相促进的机会。时间一长，大部分孩子会感到厌烦，难以坚持下来。而美国的孩子，很多能把小学的爱好坚持到老，并成为其修养的一部分。

在美国，随处都能感到全社会都关注小学生的成长，社区还为孩子们准备了许多的课外活动，足球队，棒球队，滑冰场，英语班。父母只需付很少的钱，孩子便可以得到很好的课外教育。

第十四节　不要让金钱阻挡孩子学习科学

"不要让金钱阻挡孩子学习科学。"

这是硅谷中心圣何塞市科学博物馆写在宣传册和门票上的一句话。

圣何塞的科学博物馆三层楼高,位于在城市中心广场的旁边,与艺术馆、商业街隔公园相望。圣何塞市政府拿出这样的土地做博物馆可想是牺牲了很大的商业价值。

圣何塞科学博物馆,主要在当代科技领域进行知识普及和中小学生教育。一楼是入口大厅及数码影院,地下是航天、航海、汽车、建筑馆,二楼是电子微电子馆,生命科学馆。博物馆几乎所有的项目参观者都可以直接动手参与。在电子馆,参观者可以动手模拟设计电脑芯片、机器人。生命科学馆可以现场测试 DNA,模拟克隆生物。大型的 CT 等医疗设施也陈列在那里,可以上去一试。在太空馆,游人可以坐上太空椅,气动模拟太空行走。在海洋馆,可以线控操作潜水艇海底巡游,伸手进行深海潜水员机械手操作。在能源馆,游客可以自己设计组装太阳能电池,并测试其电量;可以组装发电机涡轮叶片,感知在何种角度水力风力势能转化为电能效率最高,等等。许多科学的东西在这里变得直观和简单,游人只要一动手马上就会明白原理。所以,这里基本是孩子的天堂。有的孩子在这里一玩就是一整天。当然,得天独厚的是,这里得到惠普等公司提供的大量大型早期计算机样机及中央处理器。在展示方面,圣何塞科学馆并没有新加坡科学馆等门类齐全,但论游人的参与与动手以及操作的可行性,无疑是高出一筹。

参观科学馆的门票成人是八块,孩子是六块。不过,没有钱也没关系,孩子们只需申明自己没有钱,同时履行一个简单的登记程序即可。登记后,每个参观者会获得一个条码,凭着这个条码,参观者可以回家后上网查看自己在馆里活动的照片。原来,游客参加每一个活动时,固定机位的数码相机已将其拍摄了下来,并且上传到网上。每天成百上千的访问者,科学馆想必有一个非常大的数据库了。

硅谷的孩子认识科学,从这里开始,从感性开始,这是硅谷纳税人对后代们的贡献,也是硅谷在科学普及及创新上从"娃娃抓起"。

第十五节　勤奋的美国学生

在真正进入美国大学之前,我们看到听到的都是美国学生如何不刻苦,中国留学生怎么聪明加勤奋,夜以继日拿学分。我不知道这一印象始于何时,但对我,这种结论终结于我在美的观察和体验。

美国学生在1—12年级(相当于我国的小学一年级到高中三年级)是义务教育。孩子的课程并不重,可以说是一半学一半玩耍,完全是成长重于成绩。但是上了大学后,学生的课程及授课方式骤然改变,他们的勤奋程度是我没有想到的。

有几次周六晚上十点多我在校园内散步,透过一楼的窗户看见学生在机加车间干活。至于我所在的生物系,一些工作人员几天吃住在实验室,更属于正常。

有一篇文章说,中国一位学者邀请了几个物理诺贝尔奖获奖者讲课,其中有一位讲一口流利汉语的美国人。原来这位诺贝尔奖得主在斯坦福上大二时辍学在港澳台待了一年学汉语,想做一个远东政治家,但一年后他测试自己的汉语仅相当于中国七年级学生水平,便放弃了学习,回学校改学物理学,竟然在此后不到二十年的时间里获得了诺贝尔物理学奖,成为最年轻的获奖者之一。我想,如果不勤奋只靠天才,这位老兄最多可以做一个一流物理学教授,获诺贝尔奖是绝对没有指望的。

我的一个朋友,把孩子送到杜克中学,这是一家著名的私立中学,孩子在国内上的是一流的高中,成绩也拔尖,他在杜克上学一年后成绩也不俗。这个孩子告诉我,他们班上绝大部分孩子的成绩是比不上他的。但是,班上真正成绩排在前面的孩子,他确认是超不过的,他自己很艰难地才拿到的成绩,那几个孩子很轻松地拿到,并且他们的知识面要宽很多。

我女儿上小学四年级,我看了她的考试卷,她们没有上过自然类的课,但孩子的卷子上有三分之一的题目是关于峡谷的形成,昆虫的活动,我的女儿答不上来,可是她告诉我班上有孩子得满分。那些知识都是孩子课外在图书馆学的。

美国式教育就是要把人的兴趣挖掘发挥到极点,因为学生们都在为爱好而工作。

美国人对待学习的热爱加勤奋,出于人性,这一认知经过几百年的演化与遗传,又成为美国教育制度的一部分,正是这种人性化的精英教育是美国式的研究,美国式的经济社会发展才会走在前列。

第十一章　行知硅谷——从西海岸影响全世界

第一节　梦想超越不了的硅谷

关于硅谷,各种介绍、报道形形色色、林林总总,归结为一个意思:当代高科技的发源地。

中文网站介绍:硅谷是位于美国加利福尼亚州、旧金山以南约40公里处的一个山谷,"二战"后以发展硅晶体工业为主要内容的高科技产业,从门罗帕克市开始,经帕拉阿托市、山景市到圣何塞市结束,绵延三四十公里。

不错,硅谷堪称当代高科技的"耶路撒冷"、"麦加"和"西天",堪称当代高科技的"圣城"。于是相关领域的科学家都向往去那里工作,学子们都向往去高科技摇篮的斯坦福大学、加州大学伯克利分校上学。投资人、银行家想在此赚到盆满钵满,经济学家研究硅谷现象以推而广之,政治家则想借此鼓动民族的科技情怀。

几十年过去了,学习硅谷模式的人络绎不绝,但没有发现哪一个地方学习硅谷学得好的。虽然经常在报纸上看到许多唬人的标题:"创建亚洲××科技园"、"打造中国××硅谷"、"××高科技的平台"。从东京到台湾,从印度班加罗尔到新加坡,再从北京到深圳,从乌鲁木齐到上海,硅谷都没能被超越。

硅谷是神奇的,它的神奇源于独特的气候,独特的地理位置,独特快捷的交通,独特强大的智力支持,也源于独特的投融资平台,独特的信息高速公路,独特的市场设计和市场需求。

第二节　表面上和表面下独一无二的硅谷

环宇不同凉热,硅谷别有个性。

硅谷的自然气候特别适合以电子信息技术为核心的当代高科技产业的发展。全北美气候最好的就是以旧金山为中心的,从洛杉矶到西雅图的这片地区。硅谷西临太平洋,是典型的海洋地候,常年温度在5℃—30℃之间。2006年夏天,虽也遇到了50年一遇的高温天气,最高温度达37℃,但仅仅只持续了10天左右,冬季也能看见雪,不过,只在远处不高的山顶上,我没见过落雪的硅谷大地。硅谷的冬季、春季是最湿润的,雨季来临,山绿树秀,非常漂亮。夏、秋则山草枯老,满目金黄。硅谷的空气永远都异常清新,绝无沙尘飘浮、雾罩风飚的时候,这对要求超纯净环境的电子工业最好不过。

硅谷其实很开阔,并不是一个狭长的山谷。东西、南北至少四五十迈(约60到80公里)。汽车从南到北、从东到西在高速上要跑四五十分钟,广阔的空间才容纳得下巨大产值的电子工业积聚。硅谷的交通异常发达,双向八东道的280、101、880、680四条南北高速,84、87等六条以上的东西高速以及密如蛛网的街区道路连成一体。这些不收费的高速使得地区间的交通异常便利。硅谷与世界的沟通也是我所见到的最便捷的地方。旧金山的渔人码头全世界有名,热闹非凡,造就这一繁盛景象的当然是金门大桥下天然的深水良港。

小小的一个旧金山湾区仅大型国际机场就有三个:旧金山国际机场、奥克兰国际机场、圣何塞国际机场,这三个国际机场之间的距离都在50迈以内,彼此间行车不到一个小时。这使我想起珠三角地区云集着的广州、深圳、香港、澳门、珠海五大机场,曾有一种议论,珠三角机场无序建设,过多过剩,其实,按人口总量来比,珠三角机场密度与此相比就差距大了。随便算一下,珠三角的几个机场间最快速、最迅畅的公路交通条件下,彼此间行车都在两三小时以上。

当然硅谷还有许多密集停满了私人飞机的小机场,硅谷的精英们似乎热衷于小飞机飞行。天空中视野之内常常同时有五六架大小飞机在空中盘旋的景象。

硅谷还有一些独到之处看不见,却感觉得到。

在硅谷,开公司并不需要多少钱,只要有一个好的创意,好的企划书,投资商用鼻子"嗅"一下就知道要投多少钱,没听说吗?"硅谷的每一棵树下都蹲着一个风险投资的'天使'"。硅谷最大的优势之一,可能就是有这样一个成熟的投融资体制、机制。我的导师马克教授告诉我,google 最初就是由两个大学生发起,并把创意告诉了教授,教授决定申请斯坦福的风险投资,公司就由此做起来了,和当年惠普公司的成长如出一辙。只是年代变了,主人公变了。因为资本做纽带,产权清晰,所以,公司的业务组合也很容易。我家周围住了很多中国工程师,其中一个原来做网上购物,公司被 e-bay 看中了,e-bay 收购了他们,他们就多领了年薪的 75%,高高兴兴地到 e-bay 来了。结果来了后,他们的项目并非 e-bay 的主要业务,又要被剥离,似乎又有点伤神。

20 世纪 80 年代的美国,是里根时代,里根的成就现在能为人们所记住的大致有两个:一是星球大战计划,一个是信息高速公路,前者用军备竞赛拖垮了苏联,后者把美国社会向前推进了一个时代——信息时代。网络为美国政府和人民提供了道不尽的方便,网上购物、网上交税、网上订机票、网上汇款、网上结算、网上向政府提交报告、网上预约大使馆签证(排序都是网民自己安排)、网上托福考试,我不知道美国处在信息时代的什么位置。前沿?中央?慧核部分?总之,当美国拖着全世界走进信息时代的时候,盲人摸象般的后来者们需要太多的努力去适应。而硅谷既是信息高速公路上的发动机,又是受益者。斯坦福大学学生的电子邮箱跟国内一个小公司的电子邮箱一样大,当时全世界市值最高的公司——思科,就在硅谷。

第三节 硅谷"秀"

拉斯阿托斯市的历史馆里有一句话:"你是要旧金山的一张课桌,还是要拉斯阿托斯一英亩土地?"这是 20 世纪 20 年代的两个人赌博时的赌注。拉斯阿托斯市是硅谷的一个小城市,20 世纪 20 年代,美国东西部铁路刚刚延伸到这里。

拉斯阿托斯十分漂亮,直到 20 世纪 70 年代,仍全部是农场和牧场。农业是主导产业。40 年过去了,这里已经没有了大农场、大牧场,铁路也被拆掉了,原来的火车站现在是 downtown,硅谷的其他城市和拉斯阿托斯市一样,短短 40 年,产业从农业转化为制造业,再转化为现代服务业,再转化为高科技产业。旧金山的一张课桌恐怕早已换不了硅谷的一张课桌了,更别说一英亩并不含硅却叫硅谷的土地。

在硅谷,除了在圣何塞市和几个市的商业中心以外,我没有见过很高的大楼,站在斯坦福后边的山顶上,除了看见胡佛塔外没有哪一栋建筑不是埋在树林里的。惠普够牛吧,思科够大吧,如果非要给他们找点什么不够高的话,就是它们的主建筑的高度超不过树顶。

硅谷有钱,环境优美。但如果以为硅谷的财富全来自于面向全世界的高科技企业,那可能会有失偏颇。在硅谷,还有美国的航空航天局——著名的 NASA,还有美国海军的装备研究机构、采购制造机构。硅谷的许多城市都有 FBI 的分支机构。他们不光查科技的武器案件,照样检查经济案件。

如果驾车经 101 高速从旧金山开往圣何塞,途中在山景市有一个很大的飞机场,车行驶在高速路的高处时,能看到停机坪上停着几架黑色的大型飞机,也能看见停机坪边上几栋银色的建筑,这就是 NASA。NASA 是保密的,也是神秘的。NASA 对外国人不开放,但对美国公民是部分开放的,如果美国公民愿意,可以报名去做志愿者。有位教授告诉我,如果谁能接到 NASA 的课题,这辈子只做这一件事就够了。据有关资料,一个"阿波罗登月计划",美国专利局就多出了 4500 项专利。这些专利的民用化,又使美国工业水平前进了一大步。我没有足够的论据断言,硅谷的兴起,NASA 和美国海军的装备部门起了关键作用,但可以肯定,它们起了"相当"大的作用。

不用列举硅谷在电子工业界有多少个第一,那些对硅谷来讲没有意义。那些"第一",企业并不一定收藏,早捐给博物馆,或者摆到大学的图书馆里"教育下一代"去了。硅谷"秀",秀的是真正的重大创新和发明。

第四节　硅谷"模仿秀"

全世界都在学习硅谷。亚洲学得最好的是印度的班加罗尔。据说 2005 年一年仅软件外包的产值就有 280 亿美元。在硅谷,软件工程师多来自印度和中国,但中国的精英们人数是少于印度的。这里面有许多原因,主要恐怕还是华人语言障碍问题。硅谷的印度人把软件外包业务带回了班加罗尔。印度与硅谷正好 12 个小时的时差。于是,人工昂贵的美国公司,包括美国银行,每天下班时,将当天的信息打包传到印度,印度的软件公司天刚亮正好上班处理这些数据,第二天美方刚上班,印度方又将处理好的数据传回美国。

班加罗尔的工程师是聪明廉价的,硅谷的许多公司说"印度人很可怕"。班加罗尔也有一个类似我们开发区的软件园,离城区一个小时路程。目前一部分还在一片农田里建设。建成的写字楼则非常漂亮,以至于那些过分漂亮的写字楼与周围的小村都有点不谐调。

但班加罗尔仅靠下游外包,秀不出一个东方的"雅虎"、"SUN"、"AMD"、"IBM"、"Intel"。

新加坡、中国台湾、中国内地许多沿海城市,包括上海、深圳等也正在积极地发展"晶元"、"集成电路"、"3G"。这些地方也同样吸引着无数的以"美元"、"欧元"为代表的国际风险投资。硅谷之外,学习硅谷的竞争热火朝天。在创办"硅谷"的旗号下,"圈地运动"、"造楼运动"、"造势运动"此起彼伏。"世界的 IT 中心"、"东方的××硅谷"的自我称谓扑面而来。

新加坡的一位教授讲过:对于国土狭小,寸土寸金的新加坡,土地产出率是首要问题。生产汽车不如生产电脑,生产电脑不如生产"伟哥"。新加坡人无疑是聪明的。他们四处招商,产业升级。但几十年下来,"非常新加坡"建成了,新加坡却没有能建起自己的民族品牌。谁听说过新加坡出现了国际知名的大公司? 于是新加坡的经济学家说:新加坡电子业对美国的高度依赖造成"美国经济打喷嚏,新加坡经济得感冒。美国经济得感冒,新加坡就会得肺癌"。

日本汽车已把美国汽车业逼疯了,价廉物美的日本车在现代汽车工业发源地的美国,逼得美国汽车厂不断裁员。日本人也曾一度买下号称美国精神的洛克菲勒中心。但在当代电子技术工业方面,日本人虽然占据了产业上的优势,出现了"东芝"、"索尼"、"京瓷",但始终没能站上制高点。通讯业,全球通,独有日本和韩国采用CD-MA、它们像曾经的山西"窄轨铁道"。它们在不兼容世界的同时,也被世界不兼容。日本现在可以聊以自慰的是"动漫"产业。全世界的电视频道都在播放日本的动画片。据说日本对美国舞台动画片年出口额已超过44亿美元。但"文化救不了国"。文化永远也不会成为一个小国站在世界上的制胜法宝。不管有人把文化说得多么神,即使把它说成"创意产业"。

还有那些想成为国际一流的科技园区,一会儿要建汽车城,一会儿要建光电子园,一会儿要建通讯产业基地,一会儿要建航空园,一会儿要建软件园区,一会儿要建创意产业园区,一会儿要建留学生园区。什么时髦赶什么。我从没见过硅谷要在这么多领域谋求发展。大部分的硅谷人未必知道创意产业是什么,硅谷也从没发展过汽车业。

不赶时髦的人应该是最具个性,最具个性、坚持自我路线的人才能原创出国家的经济脊梁。

第五节 硅谷人和硅谷以外的人

硅谷的电子工业因斯坦福大学的两位天才大学生而起,把这两个大学生的名字的首个字母合起来就 HP(惠普)。惠普从 20 世纪 30 年代诞生,五六十年代兴起,至今总部仍在帕拉阿托市,著名的惠普故事中的主人公们离开人世的时候也不会想到他们竟然开创了人类科技史上最伟大的一页。斯坦福大学的特曼楼、HP 楼、盖茨中心除了学生上课,每天都有参观者来"朝圣",其中有许多华人 IT 精英,我就碰到过几个向我问路的。其实,给硅谷输送人才的还有许多大学,加州大学伯克利分校也是大名鼎鼎,诺贝尔奖获得者 20 多个。还有加州大学圣塔克鲁斯分校,圣何塞州立大学,还有数不清的专科学院,每年这些大学的最新科技成果首先因地缘优势而在当地转化,思想自由开放的大学生、研究生在此创业。可以说,没有这些研究型的大学,就不会有硅谷。即使有了,也支持不下去。

成就硅谷的,是硅谷人,是硅谷人的思想,有篇文章,说有五种人肯定不是硅谷人:第一种知道硅谷轻轨的票价;第二认为 city 是 50 公里之外的旧金山;第三,看到 100 万的破房子直想哭;第四,做工程师的朋友说住在隔壁一个隔间的人是总裁,你以为他在开玩笑的人;第五,问你什么是股权的人。我也遇到过从美国中部到硅谷来的人,他们说在中部,人们大致想的是有一份工作,有一个舒适的生活。而在硅谷,几乎每个人都在想着什么时候自己也能开一家公司,自己的公司也能上纳斯达克。硅谷年轻人这种强烈的成功欲望我有感受。我的一位朋友,上高二时,全家从国内移民过来,高中毕业时,他选择去汽车修理厂做修理工。此间,他的一位同事考取了伯克利分校,无意间,他看到同事拿来的试卷、试题,他觉得不难啊,于是他试了一下,结果被录取了。他说那时,他最多时一天打三份工,四年大学,他大约共花了8万美元,勤工俭学,大学毕业,他仅欠学校3万美元学费。工作后,他已跳槽了好几回,现在他所在的公司在做"路由器"方面的研发。据说,技术是革命性的,思科公司已经下了"血本",一定要收购他们了。

硅谷人的思想是自由的,但行为却十分规范。我的朋友说,他每次跳槽都是被动跳槽,原来合作过的同事拉他去新公司。他和以前的公司也有往来。"硅谷其实就这么大,名声很要紧"。在斯坦福大学,我碰到一位老师,应该是三十年前毕业的,目前还有3000块钱的大学学费没付完。他说,上个月才发现还欠学校的学费,这个月付完算了。美国人是终身信用。

第六节　硅谷,走在我们前面多远处

硅谷具有的全面基础设施,强大的交通网,优美的城市景观。栽好每一株树,并确保其健康地活下来,十年树木,我们差距是10年。

硅谷和全美的信息高速公路建成在20世纪80年代。我们至今还未建成——相差30年。

硅谷的两所大学排名在全世界前20名内,我们最著名的清华、北大排在200名左右,按一年前进10名的进步,差距在18年;按一年前进5名的进步,差距在36年;按一年前进2名的进步,差距在90年。

美国从事信息产业、电子工业、生产研发的地方也不光硅谷一处，但是硅谷引领了一个时代——知识经济时代。

硅谷所树立起榜样的实质是"为什么四五十年间一个以农业为主的硅谷会自主地、自发地变成当代经济和科技奇迹，并仍然高速地发展着"。

真要学，怎么学？硅谷发展的社会、文化动因具有启发意义。

第七节　改进我们的教育

"兴趣是最好的老师。"

人只要把兴趣和工作合二为一，才会以苦为乐。在斯坦福大学"只想当教授的人成不了教授，只有那些把生命奉献给科学事业人才能成为教授"。

在硅谷，"专业水平高低看兴趣，项目成败看敬业精神。"

兴趣，还是兴趣。

美国有一个关于大学收费的排名榜，排名榜前 10 名的没有哈佛，也没有普林斯顿、耶鲁、麻省理工、斯坦福。这些一流大学收费排名都是二流。重要的一个原因，是有相当一部分学生的学费被免掉、减掉。"不能因为学费而阻挡孩子入学"。于是"天才"的中学生便被名校一网打尽。

"天才"被网进来了，并不一试定终身。学生可以在任何时候选择自己喜欢的专业。现在国内的大学仍然沿用着老办法，学生掏着高昂的学费，而他们中的许多人明知没兴趣却不能改专业，很让人想不通。四年、六年或者更长的时间学习自己不喜欢的东西，浪费着自己的生命。还有比这更可怕、更可惜的东西吗?

天人合一。这是中国的古理。"天"是人周围的成长环境,"人"即是人性。把人性与成长的环境、创业环境结合在一起。如何梦想成真? 如果说我们的高考指挥棒现在还难以一时改变或改善,符合人性的大学学制,专业选择既是大势所趋,应能迅即执行。

第八节　发展航天、航空技术"科技补课"

"人类最前沿最先进的技术成果一定在武器制造方面。"这一结论是自有民族产生及至国家出现以来,就被实践检验了无数次的结论。民族的延续,国家的生存,大于一切。虽说穷兵黩武没有意义,虽说"原子弹的威力是它在发射架上的时候",但首先得拥有原子弹才说得起前面的话。航天航空技术从人类的梦想开始,但这些技术的快速成熟以及强劲发展都因为直接的军事目的。给整个美国社会带来脱胎换骨的变化正是这些技术的民用化,欧洲和美国的区别就在这里。目前,人们可以随意登录 google earth,查找世界上任何一个地方,分辨率可以看到街道上的汽车、房顶上的裸体日光浴者。Google 因此点击率大增,广告大增,股价大涨。但是,如果没有业已存在的卫星技术,而让 Google 自己开发卫星系统,我想 Google 可能连这样创意都会被吓得拿不出来。那不是几十亿美元的事,那是以国家名义动员了全美国的财富和全世界的智慧才能取得的成果。

国家投入发展航天航空,带动科技发展的"内需",拉动整个工业水平提高,又以提高后的工业向外拓展市场创造"外需"。这才是美国的技术经济路线。

对于科技基础设施，坚定地补课。信息高速公路对美国生产力的提高是以数量级计算的，它让社会的每一个方面都受益，而不仅仅是 IT 业。用实体高速公路建设做一个比较，按"十一五"规划，2010年中国的高速公路网形成，从我国第一条高速西安—临潼 25 公里高速在 1990 年开建，到 2010 年，全国高速公路网形成，我们用了 20年。这虽然比美国晚了 80 年，但说明中国只用 20 年就追过了 80 年的差距，中国的信息高速公路不能用 10 年补上 30 年的差距吗？用十年能造就出一个中国的"思科"吗？

第九节　原创，生生不息的原创

重大商业价值+重大科技成果使速朽的新技术在强大的主体中获得"长寿"。

硅谷应该有"动漫"公司，也应有从事数码影视的公司，但硅谷没有动漫产业，硅谷也没有数码影视产业。前者在日本，后者在美国洛杉矶。硅谷是执着的，她执着地在硅电子、互联网的上游产业或基础行业不断获得重大科技进步和商业利益。

硅谷也有靠一个富有创意的 idea 获得资金，并成功上市，圈上一大笔钱，高薪厚俸地过上十几年，最后变成股票一钱不值的企业。要不然，也不会有 2000 年前后的网络泡沫和股市"大熊"。但总的来说，硅谷的产业是健康的，二十年前的权威说法是：芯片是 18 个月更新一代，现在 12 个月更新一代，芯片技术的进步是速度越来越快。然而，没有听说 intel 或者 AMD 因此而生存困难的。这些强大的企业，强大的研发主体，支撑了硅谷几十年的迅速发展。

　　我们也有一些高新技术开发区,也有许多高新技术企业,但很少看到过拥有重大原创科技成果,拥有重大知识产权的大企业。发展高新技术产业要靠扎实的功底。高技术大国的崛起不能赶时髦,互联网兴起时发展互联网,软件外包兴起时搞软件,创意产业刚兴起,又开始搞"动漫广告"。提一些"新东西"调动国民的高科技情绪可以,投入巨资去"大而全","全而新",然而最终"全"不过全世界,"新"不过原创者,"多业并举"不是越多越好,是越精、越大、越强越好。

　　中国的高科似乎已经形成一个格局,至少有这样一个雏形。深圳发展通讯,上海发展网络游戏,北京发展计算机,西安发展航空航天。这一趋势基本上是由当地高科技资源、地理环境、国家产业布局以及市场引导多种因素形成的。顺势而为,功能互补,事半功倍。

第十二章　澳洲的城市

第一节　3"L"国家

Large(大),Lucky(幸运)和Lazy(懒惰)是澳大利亚给全世界的印象。

澳大利亚确实大,人口只有1800万,占地面积却达800万平方公里,相当于我国国土的80%。

澳大利亚也确实幸运,《圣经》里,诺亚方舟最后驶往的陆地就是她,她有着丰富的矿产资源、海洋资源和旅游资源。说澳大利亚人懒惰,倒也不完全对,大概有华人的偏见在里面。如果讲澳大利亚人懒惰,只有200年建国史的国家现代化程度居世界一流,城市的繁华程度可与一流城市媲美,这又如何解释呢?

第二节　规范、优美的墨尔本

往南

越过海洋进入沙漠

往南

是沙漠上空寂寞、单调的景致

往南

沙漠的尽头是葱茏满目的森林和绿野

这就是对澳洲的空中印象。

这是一个与我们所处的北半球季节完全相反的赤道以南的国家。它的春天从9月份开始,我们冰天雪地时,它是盛夏。

我们着陆在澳大利亚大陆最南端的城市墨尔本,墨尔本的春天阳光明媚,阳光下可见这里是一个丘陵连绵的城市,不过它的丘陵起伏很小,极目四望,可以看到远处整个绿色草甸之上,几处别墅群红色的屋顶及或红或白或黄或黑五彩的墙面,和谐、雅致、平静中渲染着自由。这些别墅之间,则是独立的一棵大树或三五成群的小树林,独立的大树像是一幅油画,小树林则像是国画中的大写意,在草坪上层绿叠翠。"再往前,我们就可以见到全世界最大的炸薯条了",导游徐先生告诉我们,这是完全照搬英国礼仪的澳洲人招待客人的方式了。果然,我们见到了斜插在高速路上巨大的黄色"炸薯条"。其实走近才知道,这是一个城市雕塑,在这个巨大的炸薯条后面,又有许多小的"薯条",每个约十几米高,也是斜立,不过是立在水池中,而且颜色不再是黄色的而是红色的,导游讲,这是沾了番茄酱的炸薯条,倒也形似。这些红色的炸薯条有二十一根,寓意着二十一响礼炮的意思。看样子,墨尔本是想给每位到来的客人一个总统级的礼仪了。

有一条河流通过墨尔本的市区,叫亚拉河,河不大,约50米宽,水面平静,水呈绿色,河面上除了靠在岸边的一两艘游船告诉人们这是条旅游内河之外,它应该没有承担什么运输的功能。沿着这条河到市中心便是墨尔本的精华所在了。在市中心,河的东岸是市中心广场，广场被建筑占领，已不再像是个广场了。据说是几年前为了纪念澳洲独立而修造了独立纪念馆。独立纪念馆是一组具有现代风格的建筑群，分几块布置，从外面看，都是两三层高的建筑，立面像是杂乱无章的色彩块拼接起来的，据同行的设计大师讲，这就是解构主义作品。纪念馆的内部其实是四层，一层是商店，卖一些纪念品，和国内的商店并无二致，二层、三层是美术展览厅，基本上以展览绘画作品为主，古典的、现代的作品都有，整个展览馆的工作人员和游人却不多，里面很安静，对热爱美术的人是好去处了。

　　广场的南侧便是墨尔本火车站了。从外面来看，这是一个完全古典式的建筑，拱顶，尖塔，高大的立柱和立廊，不过到了内部却完全是现代车站的样子：大屏幕显示牌，电脑售票机，刷卡装置。墨尔本的火车有很久的历史，至少有 100 年，也是墨尔本市的重要运输工具，不过我们一直没有坐过，遗憾了一把。

　　隔着亚拉河，在广场和火车站的对岸是一个纤细、高耸的白色铁塔，叫文化艺术塔，约有五六十米高，塔的底座是一个五层楼高的建筑，整个塔就好像是骑坐在这个建筑上。据说，铁塔是根据少女在跳舞时，转动起来的裙裾的样子设计的。所以，我觉得就广场这一区域的建筑风景，虽然与周围大量的现代建筑并不和谐，但它们自己还是能相映成趣的。

第三节　悉尼三大宝

　　悉尼与墨尔本给人的印象完全不同，这是一个现代的市民化城市，沿着悉尼湾分布着大量拥挤的高楼大厦，是城市的中心区，稍远的地方又是昂贵的海景别墅区,从港湾里那些扎堆的游艇你可以感觉到这是绝对的富人区。据说美国加利福尼亚州前州长的影星施瓦辛格就是在这里花1000万澳元买了一栋别墅。湛蓝湛蓝的海水,绿树成荫,芳草萋萋,游帆点点,这些别墅据说2000年悉尼奥运会时更达天价,我相信这一定是事实!

悉尼的标志性建筑无疑是歌剧院了,车子是到不了这栋伟大建筑跟前的。因为它是填海建筑,所以必须沿海边走上一二百米才能到达,歌剧院的建筑独特而有气势,特别是在落日的余晖里显得更加气势恢宏。不过参观歌剧院的时候,有件特烦心的工作你必须不停地去做,没有人能代替你,那就是赶苍蝇,不知道哪里来的这些"小空姐",不是叮在你头上,就是叮在你脸上,挥之不去,赶之不绝。导游讲,悉尼三大宝:"苍蝇、肥婆、醉酒佬。"苍蝇被称之为"宝",它的无处不在,也就不足为怪了。

这三宝应是不虚的,肥婆应是指特胖的女人吧。但在街上见到的肥婆并不是很多,这可能是因为车多人少,肥婆坐车上,并不能为人见到的缘故。但的确见到几个女人确如相扑士,站如铁塔,这可能与饮食结构和心情放松有关吧。因为澳洲的白人源于英国,并未听说过英国肥婆成"宝",大概原因怪不到基因上去。

悉尼不夜。一个晚上我们从著名的情人港(一个小港叫Darling Harbour,是个城市中心区的旅游码头和会议中心区)回海德公园旁的旅馆去,大约是凌晨三点时分吧,街上并无行人,但写字楼的灯光和街上的霓虹灯却让人觉得热闹非凡。

离悉尼约50公里,有一个住宅展览园,要了解澳洲的建筑和房地产开发是一定要去参观的。澳大利亚地广人稀,人们的住房主要以别墅为主,政府顺应市场要求,在远郊划出一块地皮,由各个开发商在这里建设他们的样板房,供各地顾客参观。等顾客看中了某一套房,只要告诉开发商自己在哪里买了土地,开发商就会按照顾客的要求给他建好,所谓"土地是你的,其他一切都由我们来办"。过几年等这一样板区被大家认知后,开发商就会卖掉自己的样板房,再去另外一个新规划区重新开发一个新样板了。这种看样定制的开发形式很人性化,不知道他离我们还有多远。

离开悉尼的最后一站是看奥运比赛的场馆。奥运场馆在奥运会结束后,便是城市最大的展览区或遗址区了,就像最优秀的"短工"。站在奥运会场前时,有两件事给我的印象非常深刻,一是在场馆不远处有几个人工的假山,上面草色绒绒,堆砌得像金字塔,棱角分明。导游讲,这是垃圾山,我们也恍然觉悟,这样的垃圾处理方式既节约了外运费用,又美化了环境,两全其美,看样子"懒惰"的澳洲人用了心思。二是主场门前许多的钢柱,每一个都有碗口粗,三米左右高,成排地站在那里,倒是一点风景,上面镌刻着 2000 年奥运会志愿者的名字。悉尼奥运会是由私立机构承办的,这场盛事之后,他们没有忘记志愿者,并将其名字镌刻不朽,让那些默默无闻者分享荣耀,这可能就是真正奥运精神的另类体现吧。

第四节　最完美的首都——堪培拉

堪培拉位于澳洲最大的两个城市悉尼和墨尔本中间,堪培拉在土著语言中是"汇合之地"的意思,这正表明了澳大利亚的联邦国体。

堪培拉大约 30 万人口,并不大,但规划得非常漂亮,是一个完全建立在花园中的城市。据说,在当初规划堪培拉时,澳联邦政府向全世界征集方案,从未到过澳洲的芝加哥设计师瓦特·波雷格里菲的一个方案一举获胜,并且天才地在城市中央设计了一个 11 公里长的人工湖,35 公里长的湖岸人工挖掘却似天然形成,许多重大活动在湖边举行。从未实际考察却能规划出获胜的方案,原来瓦特·波雷格里菲研究了全球几十个首都的规划后,根据首都的功能要求,完全理性地做出了堪培拉的设计。当然这样的首都都有一样的共性,位于城市最中心的是议会大厅,这是决定澳洲国家大事的地方。从议会大厅放射状几条大道出去,分别分布着政府机构、使馆区、商业区。堪培拉的个性是其建筑,使馆区当然是各国各不相同,中国的使馆就是红墙黄瓦的中国古建形式,日本则是和式的。商业建筑也是完全现代风格建筑的大比拼。但是堪培拉给人印象最深的地方还是其绿化,满目葱茏。据统计,悉尼有 400 个高尔夫球场,我猜想根据人口标准推算,堪培拉至少也应该有 30 个高尔夫球场,城市周围满是草坪,如果高尔夫不讲究球道、果岭这些设施的话。我想随便在草坪上挖个洞都可以在这里进行高尔夫比赛了。

第五节 上帝给饭吃的城市——黄金海岸和凯恩斯

永远和煦温暖的阳光,细软的沙滩,千百顷蔚蓝清澈的海水,800 余家旅馆,5 万个床位,这就是只有 12 万人口的小城——黄金海岸。身临其境,才知道上帝会多么地慷慨,把这么丰富的自然旅游资源汇集在一起,又一股脑儿地给到了一座小城。

黄金海岸的开发也是从 20 世纪 70 年代才开始,在一次国际比赛中,澳洲当地有位选手获了冲浪冠军,自此掀起了黄金海岸水上运动的高潮。澳洲人有因势而动的爱好,于是,黄金海岸最美的一段海滩便被取名为冲浪者天堂。上百家星级酒店建在离海滩 100 米的地方,而且所有酒店的客房都朝大海的一方建阳台。许多酒店故意设计成斜向,以提高海景房获取率。

到黄金海岸才知道为什么会有设计师设计女士吊带装。在国内总觉得吊带装是晚礼服的专宠,街上的吊带裙、吊带背心是穿错了地方。到了黄金海岸才知道,吊带装的设计完全源于人们为了最大限度地感受阳光。黄金海岸的大街上有许多赤脚行走的人,穿三点式的女郎也随处可见,也许是环境的影响吧,我们也穿着泳裤赤了双脚,从宾馆下来走过一个街区,去海里感受了一次南太平洋海水。在国内我也多次去过海边,但因为海水污染,从未下海去游过泳,黄金海岸的水,是那么的诱人,身不由自己地去感受一下。

黄金海岸也有好几个主题公园,如华纳兄弟的电影公园、海洋馆、水上运动中心,这些公园内的活动设计,让游客一天持续不断地有节目可看。在华纳兄弟电影公园,一进门先去参观电影车间,把神秘的电影制作公开在游人面前:空中飞人原来是站在地上,摄影机装在天花板上拍摄的;激烈的空战原来都是模型在动……参观完电影车间再看一场 3D(立体)电影,去西部淘金城逛一圈,然后急匆匆地赶去看美国警校学员汽车特技表演。这边意犹未尽,花街巡游已经开始,盛装女郎且走且舞,蝙蝠侠凌空飞过,原始人在车上表演,小丑们滑稽百态。想亲身感受一下刺激吗?来一次疯狂过山车,再来一次随蝙蝠侠人间除恶的动感电影之旅。将这一切玩一遍,需要整整一天时间。这一天的活动,游客只需买一次门票,绝无其他收费,一项活动想玩几遍玩几遍,也没人管你,没有人破坏你的心境,有了这份自由,才有内心的放松。

凯恩斯也是澳洲北部一个小城,12万人口,气候和海南的三亚类似,完全是一个旅游城市。旅游的项目主要是离城40余海里的大堡礁。大堡礁是一个珊瑚群岛的总称,南北约2000公里长,主要由活珊瑚组成,是世界上最大的珊瑚礁群。

大堡礁有一个小岛叫绿岛,每到早上有游船从凯恩斯发出,大约70分钟航程就可到达那里。然后,游客可以在那里潜泳或坐半潜艇或坐玻璃底游船观看珊瑚。海底世界,五光十色,斑斓多姿,不过感受最深的还是澳洲政府对资源的保护。政府规定,游客和工作人员不许从海底带出任何东西,也不能人为破坏海底环境。这就是游人如织,却依然完美如初的原因了,从潜艇上看到锅一般大的海参静卧在水底,也就不足为奇了。

第六节　发达的建筑设计和幽默的城市雕塑

澳大利亚的建设工地并非没有,实在太稀罕。在城市的远郊见过几个正在建设的别墅,几间房都是全木结构,就像大人"玩积木",搭一搭就成。城里的工地也只见过两个,一个在墨尔本的市中心区,在著名的"皇冠塔城"(Crown Towns)的旁边,"皇冠塔城"是一个庞大的建筑群,占地100亩左右,有一家超五星级酒店,几家四星级酒店。南半球最大的赌场就在这里,这是一个吃喝玩乐集于一体的城市中心,据说投资额达18亿澳币(约合人民币100亿元)才建成。在这个庞大的建筑物旁边,一般人却感觉不出工地正在施工。听不到机器的轰鸣声,也看不到工人往来穿梭,整个工地都是"悄悄地干活"，几个白色的塔吊就直接竖立在建筑物里面，并不像国内见到的塔吊在建筑物外部，白色的吊臂干净、简单，完全是城市风景的一种。工地的一个出口也很干净简单，没有泥土，商砼车的轮胎也干净得了得。单从工地现场的管理，你就必须给施工方一个很高的评价。见到第二个市内的工地是在黄金海岸，黄金海岸的市中心有一个约五六百亩地内街，街内除了有一条主干道和很窄的一条单行道外，其他路线都是步行，建筑也只有 2—3 层高，我觉得整个规划理念和经营手法像上海的新天地和西安的大唐不夜城。工地就位于这个内城的中心，早晨七点钟时，太阳已经老高，街上没有几个行人，几个商贩车出出入入，煞是繁忙，我看开车的人都是白人，讲澳大利亚人懒惰，至少在这里是不成立的。

澳大利亚城市建筑设计基本上以现代建筑为主，大面积使用玻璃，立面线条流畅，暴露结构。同行的设计师讲，澳大利亚的设计基本上是国际招标，或国际范围内评选方案，所以，很多建筑都是大师的作品。同样在这样频繁的国际交流中，澳大利亚的本土设计水平也得到很大的提升（澳大利亚许多的城市都有水与火的景观，墨尔本有，悉尼有，悉尼奥运会更是别出心裁，将奥运火炬从水中升起来，这是一件正常的澳大利亚设计作品了），他们的设计人员也开始在海外承接工程，世界上很多著名建筑也有澳大利亚设计人员的参与。

"幽默是一种文化上的优越感"，这句话不知道出自于哪个名人之口，澳大利亚街口的雕塑就是幽默的。在悉尼，往歌剧院的必经路上，有一个两层建筑，建筑的上面有一个警察逮小偷的雕塑（像），在二三十米长的房顶面上，有五个人像：第一个是戴着面罩的小偷背着偷来的东西，往后看，往前跑；第二个是一个警察在后面追；第三个是一个警察已经制伏了另外一个小偷；第五个是还有一个警察正在往房顶上爬,准备协助抓捕。整个雕塑就像是在讲一个故事,简单、风趣。另一个有趣雕塑在凯恩斯海边的一个商场里,商场的内厅是二层挑空的,在二层与一层之间,有一个人跳楼,而另外一个卖快餐的人一手托着食品,一手俯身去救坠楼人的雕塑,画面生动有趣。

严肃的塑像澳大利亚也有不少,主要是雕给一个特定的人或和这个人有关的事,那就是库克船长或者库克船长发现澳大利亚这件事。库克船长被夏威夷的土著刺杀了,是件憾事。但库克先生要是九泉有知,知道澳大利亚无处不有他的帆船复制品、他的铜像,也应该知足了吧。也许,没有的才更得珍惜,澳大利亚200年过短的建国史,才使澳大利亚更珍惜他们历史上的遗迹吧,悉尼凡五十年以上的建筑都不许拆除,一些大街上突然出现一座前撑后支的断壁残垣,外行人都知道维护费远远超过建筑成本。也许,这些断壁残垣内含的文化和库克雕塑后边生生不息的探索精神才是澳大利亚人真正想保存的吧。

第十三章　不为展示的存在

第一节　"千城一面"

我总是在冬天最严寒的那几天访问欧洲。

冬天的欧洲是萧瑟的,草不绿且很难看见、树枝也枯萎,漫天遍野的白雪让山、水、村庄不再像以往的童话世界而像满篇满幅的写意中国画,白描、简朴、不烦琐也不精致。

看到了这样的欧洲也好,就像一个平时盛装的美女,突然素面到了跟前,让人一下子看到了她的真容颜。

欧洲的城市大都有悠久的历史,到处都是老街区、老建筑,于是不像美国、日本、澳洲等新兴经济体,以现代建筑为主,到处是大玻璃盒子。游览欧洲的大城市,给人的感觉才真的是千城一面。欧洲的大城市,从雅典到罗马,到巴黎,到斯德哥尔摩,到莫斯科⋯⋯你能感受到的都是厚重的古希腊式、古罗马式、哥特式的建筑氛围,尤其是博物馆、教堂等大型的公共建筑,更强调了这种特色。欧洲国家城市化进程早就完成了,它的建筑文化就是这样。至于现代建筑都是在"二战"以后出现的,而这对欧洲的大城市来说,只能是老街区的补充。

我们国内的大城市,是最近几年才开始大踏步发展的。而近百

年的欧洲不再建纯石头的建筑了,中国除了一些旅游需要外,也不再
建设古城了。所以,大量的现代建筑出现,便不足为奇。中国的城市
会到处都是摩天大楼,千城一面,我想这不是城市个性的迷失。如果
非要让城市彼此间为形象不同而刻意地去建一些怪异的建筑,城市
是有个性了,就像一个人单纯为了怪异而打扮自己,最后反倒会不是
自己。城市是为当代人服务的,有历史的城市强化自己的历史很好,
有自然山水的把建筑和山水融在一起也很好,只要城市里的人生活
方便、舒适就行。这样,这些被看作千城一面的当代城市在今后的某
一天,以"古代建筑成就"耸立在后人面前时,无比聪明的后来者,同
样会惊奇,21 世纪早期的城市原来是这样有特点。

城市不是用来摆设的,它是功能第一。

第二节　立体的斯德哥尔摩

瑞典是个科技强国,诺贝尔奖每年的颁奖典礼在斯德哥尔摩举
行(和平奖除外,它不由诺贝尔基金会评定,在挪威颁奖)。瑞典又
在"二战"中保持中立,工业基础得以保存并持续发展,所以它也是
工业大国和强国,作为首都的斯德哥尔摩是瑞典的代表。

斯德哥尔摩只有 240 万人,在欧洲算是大城市了。北欧国家基
本上都是千岛之国、千湖之国,斯德哥尔摩就位于梅拉伦湖和波罗的
海的交汇处,湖是大湖,海也是大海,人类祖先们从选定居点到选首
都,讲究风水也罢,不讲风水也罢,都是风水大师。

我们到达斯德哥尔摩是 12 月 10 日,这一天是诺贝尔生日,也是
诺贝尔奖颁奖日。2012 年,中国作家莫言获得了诺贝尔文学奖,所

以,瑞典的中国人一下子多了起来,成群的中国记者在那里搜新闻编新闻。

我们到达宾馆是晚上七点,隔着湖的对岸灯火辉煌,导游说此时此刻,国王正在老城的市政厅宴请今年的诺贝尔奖获得者,我想莫言老兄此刻应该正在里面,晚上看电视转播,证实这个不需要证明的事实。

第二天,我们就去参观市政厅,昨晚宴会的设施正在拆除,全世界最被瞩目的那个大厅一片忙乱。导游是位40多岁的华人女士,她告诉我们,她的儿子昨天过生日,一个普通的中学生,因为和诺贝尔同一天生日的原因,他申请了诺贝尔颁奖典礼的门票,并顺利拿到入场券。这不奇怪,虽然瑞典人也觉得诺贝尔奖典礼高贵荣耀,但这种高贵和荣耀任何一位公民都有机会分享,而不仅仅专属于元首和名门望族。社会所有阶层都有通往这个高贵和荣耀的机会和通道。这才是真正的诺贝尔奖。

在斯德哥尔摩"从下往上"不难,从上往下也很有趣。老城区的地铁要钻地二三十米,直接在岩石上开凿,并且将开凿面直接暴露在站台上,没有粉饰,也没有打磨,艺术家在毛石上直接创作了一些油漆画和圆浮雕。整个地铁站就是艺术长廊,它不像巴黎地铁站那般精致,也不像纽约地铁站那般破旧。岩石还往外渗水也不处理,只在墙边上刻一些小沟槽,水直接被引导流走。在国内的话,这可能要被追究工程质量问题,然而在这里却行得通,并且100多年就这样过来了。

斯德哥尔摩隧道多,有许多隧道就从大楼下面直接通过。在香港见过高速路从大楼中间穿过,在斯德哥尔摩,地铁不但经常越出地面,而且从大楼底层穿过,一点都不奇怪。

第三节　建筑简朴城市豪华

斯德哥尔摩并不大,所以游来游去就在那几个地方转,转着看见一艘邮轮正新鲜时,却发现码头就在对岸,我们住宿的宾馆就在那里。

全城也没几栋高大的建筑,最占据视觉要津的是皇宫,但简单的红砖立面,一点也不气派。如果不是反复经过,没几个人会把这栋建筑当作正在使用的皇宫,但它确实是皇宫,并且一点也不小,比凡尔赛宫还多几间房。

在皇宫对面,隔着波罗的海湾,有一个岛,原来是皇家狩猎场,后来废弃了,建了许多博物馆,成为一个"博物馆群"岛。有民俗博物馆,也有北欧乡村主题公园……最有名的当属"瓦萨号"馆。这艘三百年前最豪华的战舰刚在万众欢呼中首航,就沉没在了波罗的海港口,一个国家从此元气大伤。博物馆的外形就像一个抽象的帆船,内部的展陈则介绍了从"瓦萨号"的建造到沉没到打捞全过程以及船上武器的运用,应有尽有。整艘有五层楼高的沉船被打捞上来,就陈列在那里,如果文物有轮回的话,那一定是生得华贵、死得痛心、再生不凡、气象永存。

斯德哥尔摩有名的博物馆还有建筑博物馆、诺贝尔奖博物馆,这些博物馆都不大,几百平方的也有,但室内布置得很丰富,展品挤得满满当当,游客和展品之间没有距离感。诺贝尔奖博物馆里,诺贝尔奖得主们签名的椅子就倒放在桌子上,谁都拿手碰得到,全然没有沾了名人屁股的神气,莫言兄前几天刚签名的椅子就摆在那里,因为汉字签名的椅子就只有那一把，所以一眼就看得见。

斯德哥尔摩是暖色调的，城市建筑一片片都是黄色的、深红色的立面。在漫长冬天的白雪覆盖中，有暖暖和和的感觉。但感觉最强烈的是室内设计，大多的室内环境也都是与室外相同的调子，都很精致，缺什么补什么吧。

斯城的新建筑很少，所以凡有点年头的建筑都至少一个世纪、几个世纪的年龄。因为一直在使用，建筑也一直在翻修，所以仍感觉欣欣向荣，毫不破败。

第四节　糊涂的聪明

苏黎世是绝对值得一天逛两次的城市。晚上一次，白天一次。

夜晚的苏黎世是朴素的，没有霓虹的闪烁，即使圣诞前夜，也只是在班霍夫大街上横挂了一些串灯而已，建筑物上的照明清冷突出。这主要是因为跟上帝有关的建筑本体原因。伦勃朗河两岸是双塔大教堂、圣母大教堂、圣彼得大教堂，甚至河道中间还有一个水上教堂，河水就从教堂基部穿过。教堂上的尖塔在漆黑的天幕上，把光线引导直指苍穹，倾听天上的声音。

白天的苏黎世很华贵，伦勃朗河与苏黎世湖相接，平静而清澈的湖面四周是缓坡状的山地包围着它，沿湖是些世界顶级的豪宅，教堂、街道都是石头建设的。想让它们廉价都做不到。

到苏黎世一定要逛手表店，不买也要逛，因为不了解点手表文化，就是不了解瑞士。为什么全世界的著名银行都出在瑞士？为什么瑞士生产全世界的名表？这样一个欧洲山地小国，一无资源，二无市场,却敢在手表这个小天地里做那么大的文章?

如果说选择政治上中立,使瑞士在"二战"中幸免于难,是聪明人装糊涂,为在乱世强邻前求生存。做银行生意和手表生意则是聪明人做的聪明选择,特别是手表这一行。其实瑞士最初选择的是精密机械制造,这开始是一个手艺行当,后来成了拼设备的工业行当,再到现在成了创意行当。精密机械大的可以是航天飞机,跟老百姓生活并无直接联系,但一小型化、微型化,就成了手表。所以瑞士的手表是代表了目前全世界顶级的机械工艺水平。近百年来,又不断加入文化因素,贵金属设计。瑞士手表就又成了一种艺术品、奢侈品的代名词。

图 14-1　瑞典斯德哥尔摩图

第五节 都是小山村

德国设计师推荐我们去看瓦尔斯和圣莫里兹。因为这两个地方欧洲人常去,去度假;亚洲人很少去,偏远。

瓦尔斯可能只有百十户人家,离苏黎世有 3 个小时车程。去的目标只有一个,看卒姆托设计的温泉洗浴场。卒姆托是瑞士的设计大师,性格孤僻,所以设计的建筑也压抑。浴场建在半山上,也就是一层灰色石英石砌墙的平顶房子,2000 平米左右。其貌不扬,但一进入内部,马上就有点禅意。整个建筑内外全部用一种材料——当地的石英石磨光了进行贴面,建筑面向山沟开了几道大的落地玻璃窗。玻璃窗下,几张躺椅上躺着刚从水池里出来休息的人,洗温泉的人不少,但这种环境下,似乎没人敢出声,所以倒安静,这是室内。室外也有一个浴池,比标准游泳池要小一点,但泡澡的人比室内的要多,可能是人们喜欢冰火两重天的感觉吧。在四周冰天雪地的氛围里,有一个冒着热气的温泉池,极尽的反差,感官上更刺激。泡在其中,享受到的不只这些。山谷狭长,山沟很深,浴场建在半山,但离山脚很近,看山顶很远。整个山谷全都是灰暗的雪白,浴池正面面对山沟的方向并非完全开敞,有一面开着两道巨大门洞的墙,在视线上让你和真正的冰天雪地断断续续地隔开,而事实上,从池边到墙边也都是积雪。天黑下来时,灯光从池底打上来,刚才看不见的水雾,现在在水面上飞舞着、飞旋着,薄薄一层,却有力地飞腾,然后迅速就不见了。人的鼻子因为紧贴水面的原因,被这些飞舞的水雾湿润着,并不觉得冷,眼睛也不在平时习惯的视点上,四周迷迷离离。只能说卒姆托是真正的大师,他研究了瑞士的天、山、石、水,更琢磨了雪、雾、冷、热、人。

圣莫里兹属于瑞士,但离意大利北部更近一些,再准确一点,离米兰更近。国际著名的面料厂商聚集在米兰,所以米兰的山地羊毛肯定是上乘了。圣莫里兹从米兰往北还有三个小时车程,并且山越来越高。这里的山区畜牧业就更发达了。瑞士的农产品是世界首屈一指的,但因国家小,产量有限,所以出口的很少,不广为外人知。生活在欧洲的人,懂得这些,所以,到了圣莫里兹,什么法式、意式大餐都不选,就吃"老土"的当地饭。

圣莫里兹是有名的度假胜地、滑雪胜地,小小一个山沟,五星级宾馆就好几家,各种世界名牌在这里都有自己展示的专门商店。但这里的奢华,完全是欧洲式的,表面看起来都很普通,超五星级酒店房间也不大,摆设也简单,但木板墙的质感、走廊地毯的图案、悬挂着的小油画都无一不告诉你它的不平凡,再问问历史,酒店是18世纪开始建设使用的。

圣莫里兹每年有320多天的晴天,所以日照很充足。我们中午吃饭时,大雪纷飞,能感觉到雪花直往眼睛里钻,跟下暴雨一样。两点钟雪停了,三点钟太阳出来了,天蓝雪白,苍松如画。搭载滑雪人的缆车在空中频繁穿梭。我们在步行道上看见几个人从右侧高山上速降而下,一会儿却到了我们左侧的山下。雪道和公路是立体交叉,这样既不影响公路交通,滑雪也不因此中断。

冰雪覆盖,圣莫里兹湖是看不见的,但风景一点都不减色,所以,这里最早是英国贵族夏天的度假胜地,瑞士人硬是把他们留下来住到了冬季。现在圣莫里兹的冬季比夏季更有名。

第六节　洋窑洞中的卡帕多西亚

卡帕多西亚离安卡拉一个小时车程,在土耳其的中部,但大多数土耳其人却不知道卡帕多西亚,也正常,卡帕多西亚是一个古地名。就像许多中国人知道兵马俑,却不知道兵马俑是秦始皇陵的一部分一样。卡帕多西亚在赛利斯,说窑洞宾馆或烟囱宾馆,人们都知道。

卡帕多西亚大约在 6000 万年前因火山喷发,大量火山灰降落后又经千万年的地质变化,雨水冲刷而形成。所以,卡帕多西亚也像黄土高原,冬天光秃秃的,一片一片土黄色,人口不多,苍苍凉凉。这里位于土耳其的亚洲区,所以居民也都是亚裔长相。卡帕多西亚的地貌相对于陕北的黄土高原要平坦许多,山地上耸立着许多像"石笋"一样的"土笋",这些"土笋"有独立的,也有三五成群的,有的上小下大,山的形状比较明显,有的有点"男性崇拜"的样子。在这些"土笋"上以及一些山体上,遍布大大小小、高高低低正在使用的或已废弃的窑洞。这些窑洞分散分布形成许多村落,村落里居民们在这里生产生活,窑洞宾馆从五星级到三星级到家庭宾馆,一应俱全。

最高级的窑洞宾馆一间房要 1000 多欧元,很昂贵,最便宜的 30 欧元,也不算便宜。大多数窑洞宾馆都在 100 到 300 欧元之间。但这些窑洞宾馆与我们陕北窑洞完全不一样。它们内部空间要丰富得多。

窑洞宾馆并无"标准间",每个宾馆每一间房都不一样,这取决于挖窑洞时的地形环境。火山灰堆积土层比单纯黄土层要坚硬很多,但比石头还是软和,否则也挖不动。我参观过最豪华的窑洞宾馆是一个套房,进了窑洞的门是一个门厅,当厅是一圈沙发,再往里一点就是一个大浴缸,就摆在房子中间稍后一点位置。再往后是一个通透的窗口,一个无边框的门洞,从门洞进去,则是一个更大的房间,别有洞天,一张大床,黑色的床头,雪白的床单,和别的宾馆并无差异。再往里,还套了一个约七八平米的卫生间。

　　最有趣的客房是在一个"土笋"里,正门是从内部庭院进的,上上下下爬了好几处楼梯,一进门左手是卫生间,贝壳装的墙面,很豪华的海洋主题。向右要上几级台阶,过一个门洞,是一个二十多平米的房间,房间是卧房,进入卧房后,向左侧再看,有一个小门洞,进入门洞,沙发、书桌、两个采光的小窗户,其中一个窗户连着一个小门,小门外面是一个小阳台,从小阳台看去,已站在小村子的顶上了。而此时,房子已从"石笋"的一侧,至少180度地转了过去。阳台并非"石笋"的最高处,最高处还有别的房间的阳台。窑洞宾馆的墙壁上基本都没有其他装饰物,找一幅画都不容易。地面是处理过的,不是木地板就是大理石,再就无处不在地铺着土耳其地毯。我们问老板这些客房是专业设计师设计的吗?他说:"不是,是我自己设计的。"土耳其农民都堪称最优秀的空间大师。

　　最大的窑洞有200平米,中间并无柱子支撑,土耳其似乎并无土耳其特色的家具,所以家具也都是深色的欧洲古典式,米黄色的墙面对家具一点都不挑剔。

　　窑洞宾馆因室内设施新旧、完善程度不同,收费不同,但都物有所值。

第七节　谁建设了伊斯坦布尔

罗马一直叫罗马,雅典也一直叫雅典,而伊斯坦布尔以前叫过君士坦丁堡,更早以前叫过拜占庭。

一个国家可以横跨亚欧大陆,一个城市也横跨亚欧大陆,伊斯坦布尔在历史视野和地缘视野里都很独特。

这是座真正的古城,22公里的城墙,残垣断壁仍在,蓝色清真寺仍在,从教堂改过来的国家博物馆仍在,国王、王室消失了,旧皇宫仍在。但真正说明伊斯坦布尔是古城的还有源远流长的民俗。

土耳其浴是最经典的民俗之一。到了伊斯坦布尔,在大巴扎边上有一个500年历史的土耳其浴室,我们得以感受真正的土耳其浴。这是一栋三层的小楼,一楼中厅直通二、三楼,洗浴间在大厅的后面,二、三楼是一个个小小的亭子间。里面是一张窄窄的单人床,供放衣服和浴后休息。服务员全是"大叔"级,他们会告诉你如何用大毛巾围上一圈,然后通过大厅走到洗浴室去。

洗浴间是个没有窗户的穹顶大房子,中间一个大理石的大圆台。走进去后直接躺在大圆台子上,圆台子很热,下面一定生着火,一会儿就会大汗淋漓。然后一个土耳其壮汉会走到你跟前,一盆温水泼将过来,再为你搓澡。再然后,自己到另一个小房间冲一下淋浴,洗澡就结束了。但感觉很累,这可能与寒冷的地中海气候及洗浴房高温缺氧有关。

土耳其以伊斯兰教为主,土耳其人基本不饮酒,因此,土耳其人除了洗澡外,主要的享受就是美食了。土耳其中餐馆很少,可能因为它既不像欧洲，中西饮食差异很大而被吸引；也不像我们的近邻们，有大量的中餐需求。在这点上，土耳其和印度很相似，都有悠久的历史文化，当然，都有同样悠久的饮食文化。土耳其最有名的菜之一是用密封的罐子焖土豆和牛肉，吃饭前三个小时得焖上。当然味道不错。比中餐的红烧牛肉要淡一点，比俄罗斯的土豆烧牛肉则多些肉汁，兼了东西方的特色。分餐制，服务员会先给食客们一份，不够了还可以加。其他的菜则有点泰国菜的味道，酸辣兼得。土耳其北面是黑海，西边是地中海，南边是爱琴海，所以土耳其的海鲜也非常有名。但土耳其海鲜主要是烤和煎，以西方的做法为主。

土耳其也是近三十年才加速发展起来的，所以发展的起步、速度和我们改革开放时间差不多。虽然土耳其在努力脱亚入欧，但几千年的亚洲情结，一时还难挥之而去，不管怎样，它欧亚桥梁的角色不会变。所有的文化追到根上去不都是地理文化、地缘文化吗？

第十四章　盛世唐朝的背影

第一节　大明宫之谜

是谜,就总有人想去解开。

解谜的目的和动机有很多种,有的为了寻找宝藏,有的为了揭露一个秘密、一段身世,有的是为了满足好奇心、有的依靠解谜营生,有的是为了专业研究,借鉴谜中之玄以治世,或"以夷制夷"再破解难题,总之,林林总总,不一而足。

大明宫本身就是一个谜,解开大明宫之谜就是为了揭开唐朝由盛转衰的秘密;为了知道鲁迅、胡适、李国文等文化名人"玩在唐朝"的"唐朝的味道"、"唐朝的胃口"、"唐朝的天空";为了给后人保存一个完整的唐皇宫遗址。

大明宫是公元7—9世纪中国盛世唐朝的皇宫行政中心,位于古都长安(今西安)城的北部。长安是当时全世界第一个人口过百万的城市,大明宫也是当时规模最大的皇宫。它占地3.5平方公里(约5250亩),是现在中国北京清故宫的4.5倍,是俄罗斯克里姆林宫的12.7倍,是英国白金汉宫(350亩)的15倍,与纽约中央公园一样大小。当欧洲还在中世纪禁锢中的时候,东方就有这样一个庞大的建筑群。唐朝的17位皇帝先后在这里统治着当时全世界最大的国家,可谓不可一世。唐皇宫随着历史的更迭,在辉煌之后湮灭了,目前在地面上只留下几个大的夯土堆台。

所有的辉煌都有幻灭的时候,正如生与死相依而存一样,但不一样的生命,又有不一样的辉煌。人性的弱点,使我们总是喜欢夸耀自己祖上的光荣,总期望自己的辉煌延续的时间更久一些。中国人说自己的大唐盛世,欧洲人说自己比中国更长的文明史,只有美国人和澳大利亚人,很谦虚地自夸:我们的历史太短了,不值一提。但言下之意是虽然我们祖上不行,但现在你们谁也比不过我们,气势咄咄逼人。

一座皇宫,它的规模和形制本身就蕴藏着许多的社会信息,甚至从宫墙和宫门都可以判断当时的社会形态和政治形势。中国的皇宫总是宫墙高垒,戒备森严。高耸的宫墙既保护着皇宫内的安全,同时也保护了皇室生怕别人抢走自己权势的胆怯。法国的凡尔赛宫,设计时既体现了“朕即是国家”的威严,同时,又可以容纳7000人在其中举办娱乐活动。市民有着出入的自由,由此可以想巴黎公社攻打了巴士底狱,而并不向凡尔赛宫进攻。可以自由出入的地方,军事占领它又有什么意义?

大明宫不在了,大明宫国家遗址公园要建起来了,这是一个新的探秘方法、一种尝试,也是想以此呼唤起全社会来关注它。一座遗址,说其曾经的辉煌,不如说其神秘。大明宫遗址,本身就是盛唐王朝留下的一个背影,说它是文化工程,不如说它是一段传奇。

建设这样一个遗址公园,投巨资,用科学是必需的。从事这项工作的人,不论是考古工作者,还是世界级的设计大师、国际志愿者,大家都是纯粹的人,他们追求遗址的永存,同时追求遗址带给今人的欢娱和启迪。

谜,有解得开的,也有永远解不开的。记得 2002 年 9 月,埃及考古学家们曾派了一个机器人——金字塔漫游者去探寻埃及金字塔内的胡夫墓,全球 142 个国家和地区的电视台都直播了这一节目,最后,竟无任何收获。其实,收获什么并不重要,重要的是全人类都体验这一探秘。

大明宫之谜,解得开吗?

第二节　还有什么我们能用来保护大遗址

我有两个助手,相继病倒了。一样的病,脑梗。一个出院正在康复,一个仍在重症监护室,二十四小时吸氧,二十四小时抢救。

两个人都是青年,身体壮得像牛,病倒的时候都非常突然。前一天还说说笑笑,自我解嘲,第二天,先是突然入院急诊,紧接着就接到病危通知。昨天病倒的同事,我是在抢救室把病人从核磁共振室推到 ICU 室的路上看见的。我当时木然。他脸色苍白,鼻孔里插着吸氧管。眼睛睁得很大,眼珠很迅速地往上扫来扫去,只是眼光很冷,冷得无神。想说什么,嘴却打不开了。短短的几分钟,已表明事实比想象得严重得多。

白天是不停地工作,晚上要会见一批文物局专家。白天忙碌着,关于病什么都不想,只是情绪不好。晚上,面对一批文物专家,突然一下子伤感起来,眼泪竟止不住,只能用热毛巾不停地擦着脸。

我们本来是和文物与遗址不相干的一群人,如果不是因为大明宫,我们充其量都不过是遗址的一群看客。

接到保护大明宫遗址的任务,是 2007 年 7 月,至今不到一年时间,我们是怀着敬畏的心情来的。面对这个整个民族都引以自豪过的大唐王朝的皇宫遗址,我们是着实被惊吓过一回的。5200 亩的遗址上,25000 户居民,88 家企业,5 个城中村,10 万人口居住其上。其中仅棚户区 3600 户人家里在册的吸毒人员就 720 人,"两劳"人员 420 人。而我们的队伍不到百十号人。

这里必须在一年内被拆迁,拆迁面积 380 万平方米,相当于全市全年商品房竣工面积的一半。启动资金不少也不多,支出预算却有点吓人,相当于整个城市当年的财政收入。

2008 年 5 月 12 日,汶川大地震,西安受到严重波及……

股市从 6000 多点下滑到不到 2000 点,宏观紧缩。

该来的都来吧,困难多了,再多一个也无所谓。可是可怜了这些不讨价还价,不服输的汉子们。还有一位我的助手,四年没有休过假,夫人患红斑狼疮,自己只能挤一点时间陪着上趟医院,其余的事都是女人自己照料自己。他领的一支队伍五个月内一举拿下两个村庄、一个棚户区。

这就是我们班子的伙计们。

他们不懂文物却都有智慧,他们是为保护文物、保护遗址累倒的,他们未必知道遗址的文化内涵,但他们知道遗址的价值。

遗址上的土,他们带不走一粒,即使他们为遗址奉献出了生命,也未必比遗址上的一粒尘埃更有意义,更能为后人纪念。

其实这些人也从未想着把名字刻在遗址上,他们的愿望朴素得和所有的有着弱点的人一样。工作养家活口,实实在在地做一点事情,好回家对父母、妻儿交代自己不曾碌碌无为。

是不是皇帝待过的地方"水土硬",是不是我传递给大家的压力太大? 在漫长的历史中,我们微不足道,我们的光和热能像萤火一样，让遗址微弱地闪亮一点吗？我们都将在有限的存在后不存在，而遗址却将一直存在下去。我们的牺牲能让无知无觉的遗址变得更为珍贵吗？如果这样，我们、我们的朋友，以及那些不为人知的、默默无闻却奉献自己青春的人们，融化在遗址最浅表的土层里的汗水，也都会成为最坚固的那一粒沙子。

第十五章　大明宫留下的遗憾

建设留下成就，同时也必留下遗憾。

第一节　大明宫遗址考古没有开放

大明宫考古，始于 1957 年，至今已有 50 多年，一直是中国社科院考古所唐城考古队一家在进行考古工作，陕西省没有考古专家参与，西安市也没有专家参加。以至于省、市政府召开相关会议时，没有自己的专家发言，在高级学术会议上，也没有地方专家的身影，这是一件很无奈的事情。

大明宫遗址保护工程开始后，我曾提出过考古开放的事情。我甚至建议邀请牛津考古来共同考古，这样有利于考古成果的国际化。说真的，我们科学家的英文水平还是有很大局限的，在国际学术领域的影响力也是有限的。

《文物法》里有规定，考古工作有保密要求，但如果要以保密为借口，中国经济建设上的开放，恐怕都是不能进行下去的。

后来，社科院答复，陕西甚至牛津考古的科学家可以以个人身份参加大明宫考古工作，但最终还是只有社科院唐城考古队的专家在大明宫里工作,仍然是纯而又纯。

第二节　大明宫基金会工作没有"买回""两骏"

大明宫基金会成立一是为了推广的需要,二是为了国际交流方便,三是为了募集资金。募集资金是后一位的任务,两年时间,共募集资金 2400 万元,真是了不起的成就。

基金会最出彩的一项工作,就是派出三名中国文物专家去美国宾夕法尼亚大学修复"昭陵六骏"石刻中的"二骏"石刻。为此,我两次去宾大,先后与宾大博物馆的馆长理查德·霍奇斯、副馆长 Rose 会谈。最后一次赴美是合作"医马",新闻已经炒得纷纷扬扬了,但专家赴美的行程一推再推,推迟竟长达一年。新闻快从传闻变成"假新闻"了。我和长期联系此事的陈峰教授(中国联合国工作人员)、张长春教授(基金会驻美代表)只差"严正交涉"了,馆长才签发了正式邀请函。

原本只想派两位专家,但最终派出三位专家,也是无奈。专家招募是全国范围内进行的,可惜,竟招不到一个技术好、英语好的,最后,将英语还行的和技术好的凑在一起才成行,所谓"没有完美的个人,只有完美的团队"。

但除此之外,基金会的工作乏善可陈,原来我设想通过基金会招募志愿者,并配备到每个部门去,让志愿者成为我们的工作人员,开创一条中国的志愿者组织道路,并未达到目的。虽有一个德国小伙子来做了一年志愿者,与我们同吃同工作在一起,与国际交流部的职工建立了很深的友谊,但我们种下的是龙种,收获的是跳蚤。

第三节　无奈的"申遗"

"申遗",申请成为"世界文化遗产"的简称。

全世界世界文化遗产 660 多处,中国只有 28 处,于是中国人受了刺激,我泱泱中华,上下五千年,怎么能称为世界文化遗产的这么少?于是,便要奋起直追。

"世遗"这件事谁管?联合国教科文组织、世界遗产保护理事会,很唬人。其实,这是一个设立在法国巴黎的联合国外围组织。联合国在纽约和日内瓦办公,教科文组织不是组成部门。我们去联合国总部举行《大明宫》首映式,想请一个教科文组织的"高管",人家秘书处说"他们够不上"。

不管怎么说,申请世遗这件事总是有利于保护文化遗产吧!于是乎,国内"申遗"浪潮此起彼伏,一片一片。一个古迹,周围必扩出一二公里的半径,大拆迁、大安置、大整治。西方法律保护私有财产,一户人不同意,高速路只能从地下穿过,立交桥成了断头桥。老外哪见过我们一拆几万户的场面啊,于是,惊呼中国人了不起,"伟大的成绩"、"伟大的人民"、"伟大的政府"。

于是,"申遗"可以不顾一切,我们的几个专家又误读了"申遗",反过再误导媒体和人民。"申遗"的宪章里明确写着"申遗"要和当地社会经济发展相结合。我从没听到我们专家说过这句话,被反复重复的"原真性、完整性、可逆性"等技术层面的问题,仿佛不可颠覆。

2010 年 8 月,上海世博会在苏州组织过一个"文化论坛"。教科文组织文化遗产司的首脑班得瑞来了,我提了一个问题,德国一个小城市有一"世遗",不远处有一座桥,世遗组织嫌大桥影响观瞻,要求把桥拆了。老百姓不答应,全市表决,要退出"世遗"。

"申遗"成了中国人民的负担,这样的不顾成本和未来运营的遗产能持久吗?

问题很"野蛮"。

大明宫也在"申遗",也拆迁了近 400 万平米,但可以说,如果不是因为"民生工程","棚户区改造",而仅仅是为了"申遗"进行拆迁,我坚决不同意,更不会当"总指挥"。

"申遗",西方人制定的游戏规则,"富裕人家"的玩意,其标准之模糊,对象之多样,不从也罢。

第四节　博物馆群只有规划没有结果

在美国,最刺激我神经核好奇心的是博物馆。华盛顿独立大道和宪法大道两侧的博物馆群,洛杉矶的盖蒂·保尔博物馆,纽约的大都会、自然博物馆,还有星罗布棋的航空馆、专业馆等,但除了华盛顿的国家博物馆外,其余的竟都是私营馆,自己养活自己。

在国内让我不能平静的不是北京、上海的几个大博物馆,那是国家的"大件"。而是洛阳,这个只有 180 万人的中原城市,竟然建成了一座 4 万平米的博物馆;而在宝鸡,这个关中边城,有一个中国青铜器博物馆。

大明宫遗址,居于城市中心,规模与纽约中央公园相当,除了本身是一个天赐的博物馆外,当然要有一个博物馆甚至博物馆群。重大发现、重大文物要有展示的地方。为此,我曾设想,建设一个小博物馆群,包括"遗址博物馆"、"唐代书法博物馆"、"唐代科技博物馆"(为增加趣味性可放入一些现代元素)、"大唐文学馆"、"丝绸之路文物馆"。按照"不看遗址也要来看博物馆","不参观博物馆,也来博物馆消费"的理念建设、运营,把博物馆这样一个"包袱"变成财富。

为此,我参观博物馆时,专门留心过一流博物馆的布展,为什么宾夕法尼亚大学的博物馆布置得那么人性化,光线那么亲和,而我们的博物馆为什么总是冷冰冰的? 大都会里与文物相伴的那顿午餐是多少钱? 罗浮宫里基金会是怎么筹款? 为什么法国的文物出境也可以赚钱? 古根海姆到底是"收藏家"还是"文物商"?

可惜,因为几个能左右国家文物局意见专家的反对,我没有办法建设博物馆,即使矶崎新大师设计了一个不亚于"苏州博物馆"的3万平米"大明宫馆",即使它选址在可建设用地上,即使这块在半年前还居住着几万居民,楼房盖到了"六层",而我们的博物馆最高点才"四层"。

在大明宫里,建一个博物馆群,不是我个人的梦,是中国法制建设的梦。

第五节　没有形成产业,只是偶然成功

大明宫国家遗址公园建成了,开放了,经验却没法推广,因为它的成功是偶然的。

大明宫项目,"省、市四个一把手"都同意、都支持,这个不多。只要有一个人不积极、不主动,有不同意见,就不成。

用"房地产"的手法来建设遗址公园,巨大的投资先砸进去,从改善民生,提升城市两点突破,与传统的文物界依靠财政保护文物相比,是"火器"对"冷兵器"、"机关枪"对"大力长矛"的战争,异军突起而已。

遗址公园成了历史的公园,文化产业的公园。数千人的管理队伍,几部戏、几部电影、几个商业项目支撑运营,不是赔钱赚吆喝,这是因为曲江这支队伍的"文化产业"背景。

还有,这里的老百姓太苦了。我们是把"乌纱帽"拿在手上工作,而不是戴在头上享受,为了老百姓我们豁出去了。

我总在思考,"大明宫"是有规律可循的,但我不同意"大明宫模式",模式了便"僵化"了。"大明宫"的规律就放在那了,可它是什么呢?

第十六章　不能忘记的人

中国的文化人,向来似乎是与世不同的一类,清高自诩,敢于直言。在大明宫这个项目上,他们的表现的确如此,但其深刻却非常人理解。

第一节　关中大侠陈忠实

大明宫基金会是因大明宫遗址保护而设立,完全非营利、无私利。因为要注册,必须有一个法人代表,且必须有一德高望重者为法人代表。为此,我去找过一位退休的前省委领导,他很热心,但已年过七旬,法规规定,超过 70 岁而不得兼任;我也请过一位文物界颇有声望的专家,可人家推辞。

偶然的机会,在一次关于大明宫的研讨会上,我请陈忠实先生出山,没想到忠实先生竟一口答应,没有说任何条件,没有说任何意见。下来的两周,就是办理有关手续。要知道,当选为大明宫基金会的理事长、法人代表,就不能再担任任何其他单位的法人代表,即使成立一个"陈忠实文化公司",法人代表也只能是其他人了。

我对文化人的敬重由此多了一层,而对文物专家从原来的心灵

图 16-1 陈忠实先生在大明宫

神坛上降了下来,原因大抵从那个时候开始。可以讲,大明宫基金会成立至今,我没有接到来自文物专家、文物系统的捐款,而文化人,大明宫周边的开发商,大明宫保护办的工作人员,在两年内捐款达2400万元。席有良先生是福布斯公布的西安市的富翁之一,身价16亿,在大明宫开园前一个月,专程找到我,告诉我他出1000万元,任我支配,做广告行,做捐款行,做办公经费也行,原因是我们做成了一件他不敢想、不相信能做成的事。我哪能随意辜负有良先生的好意,我说:"你捐给基金会吧,你的名字将会镌刻于大明宫国家遗址公园里。"

忠实先生的号召力,当然不能低估,他是我崇拜的中国作家之一。记得大约是六七年前吧,我和忠实先生吃过一次饭,我请为陈先生学生,忠实先生说:"你先干事,十年之后,再来写作。"于是余下的几年间,我须努力地去干活,干于百姓有利的本分工作,以期十年后忠实先生肯收我为徒。

中国近当代作家的作品我读了不少,当我还是一文学青年时就这样,但感动我的无非三人,第一是林语堂,因为他是一位哲学家,他对人物的设计,对故事的铺排,对情景的理解,使其作品于不知不觉中深刻。第二位是鲁迅,他也应是哲学家出身,他为国家的危亡,敢于骂人,骂现政府,骂出中国的出路。第三位便是忠实先生,他的作品我穷一生只习文学也写不出来,其宏大,其充裕,其沉吟,其歌咏,秦岭之高耸,莫过其肩。

有忠实先生这一高度,大明宫基金会的工作我很快就做起来了,忠实先生并不管我,当然这也是因为有制度在管我们的原因。我实在觉得无以为报,见忠实先生抽雪茄,在去荷兰考察途中,买过一个烟斗和两包烟丝给他,实在对不起老先生,但君子之交淡如水,忠实先生理解。在适当的时刻,我会放弃权力和虚名,去当一名职业作家,我会对得起自己的承诺。感谢他,忠实先生。

第二节　表里如一的大家余秋雨

听说过不要报酬的文学家,见过的,余秋雨先生是一位。

秋雨先生的学问,不用我夸奖。上海戏剧学院可谓是中国最牛的一流艺术学院,他年纪轻轻,可为上戏院长,已说明一切。偏偏秋雨先生连这样的声名显赫都不在乎,硬是辞了职务做一个纯粹的文化人。靠卖文为生,是件很艰苦的事。曹雪芹穷困潦倒写《红楼梦》,蒲松龄卖绿豆汤写《聊斋》,中国文化人从古代就给人是一副养活不了自己的形象。而关于唐伯虎一幅画可卖几千两银子,鲁迅年薪三千大洋,够上中上阶层收入的事情老百姓是不记得的。

秋雨先生确是一位靠卖文为生的大学者,一位生活得还算优裕的大学者。他是大明宫的首席文化顾问,但他从未向我们索要过报酬。他说,大明宫这个项目是他心目中中国文化的一个高度,他先后和他夫人马兰女士来过西安两次,每次一周,皆只是白天考察,晚上与我讨论工作。

2007 年的中秋节,西安是否有月光,已不记得了,在大唐芙蓉园御宴宫里,余秋雨夫妇、赵季平夫妇、贾平凹夫妇共聚一堂,我和《美文》杂志的穆涛主编侧陪。关于大唐和大明宫,余秋雨先生在大唐芙蓉园凤鸣九天剧场里还作过一次报告。他讲到大明宫时,即与赵季平、贾平凹探讨出一句"那一定是全世界最快乐的脚步"。

我曾问过秋雨先生,为什么好好的上戏的院长不当,辞了。他说:"中国的文化人一心专门做文化研究和推广的并不多,当了几年院长,繁杂的行政事务耽搁了许多时间,就想走出一条文化人做文化的新路来。"几年来,情况很好,作品不断,在凤凰卫视的节目也很有吸引力。

每年的版税收入可能使他成为中国作家里收入最多的人。一直想委托秋雨先生写一部关于大明宫的作品。2008 年,《长河》在上海公演,我曾亲自去观摩学习,但后来,秋雨先生一直在香港,最终也没有分出精力来写出我们相约的作品,我是理解的。

2010 年 9 月 30 日,在大明宫国家遗址公园开园仪式当天的主题论坛上,秋雨先生和联合国助理秘书长沃伦萨奇、诺贝尔奖得主蒙代尔教授、段先念先生一一作了发言,我临时和凤凰卫视的白延琴主持,秋雨先生说,中华文明是大文明,大明宫是大遗址,但我们更需要大国民,大国民就是要实事求是,就是敢于表扬和批评,大明宫国家遗址公园表达了大唐精神。

第三节 从作品看思想的矶崎新

可口可乐总部大楼、日本京都音乐厅、上海喜马拉雅艺术中心都是矶崎新的作品,被称为大师,矶崎新当之无愧。

在大明宫里,矶崎新曾有两件设计作品,一件是在最早国际方案征集时,他设计的博物馆,建筑像蔓草在地面上打开,入口是赭石色,主体是大理石色,从体量上感觉都非常合适。据说,老先生花了好几天,解剖蔓草的翻卷机理得来的灵感。

方案竞标之后,真正进入设计阶段,我们采用了方案委托的办法,博物馆当然选矶崎新先生。

我见先生是他来大明宫现场踏勘,老先生比我想象中硬朗得多,80多岁的人,头发浓密,梳了一个马尾辫,身体笔挺,个子比一般日本人高许多,1米8多吧,脸黑着。老人家是怀着朝圣的心理来的,问得细,看得细,吃饭时,我们做了短暂的交流。"当代的博物馆要做到:游客即使不看藏品,也要来博物馆看看。""全世界的博物馆都要走向免费开放这一步,但博物馆运营不能零成本,背后的商业法则谁也逃脱不了,我设计的博物馆首先考虑自己能养活自己。"矶崎新两段话打动了我。到了这把年龄,中国的设计师恐怕早都只注意自我个性的释放和艺术创作了,日本的大师却操着甲方该操的心。

一分价钱一分货,矶崎新先生开价也不低。概念方案,每平米200元。要知道,国内做到施工图才140元左右。我犹豫了一周,这时矶崎新先生已到欧洲，我说价高了，先生只有一句话"商务和我的助手谈，我只干活"。

先生是非常认真的，新地块里有两条"唐地面"，先生硬是在拼图，做了个模型，在图纸上套来套去。既满足设计体量要求，又满足了文物保护。

真正的建筑大师，是最保护文物的，他们绝不强加他们的思想在前人的作品之上，贝聿铭设计罗浮宫的玻璃金字塔，除非到现场，你体会不到，大师是怎样怀着敬畏的心情在文物面前工作，他们也从没有"无意间把自己的名字刻上去"的意思。北京城墙保护是梁思成先生冒"中央之大不韪"反对拆毁的，梁思成先生是建筑大师，不是文物大师，如果从师承情况看，建筑行业是最崇敬先人的。

后来，还见过矶崎新先生两次，讨论方案，我提了几条具体意见，先生说"我还从未听到过甲方意见"，我想这可能是中国特色吧，领导总是喜欢表达自己的想法，最后把大师的作品改得面目全非，毫无个性。我倒不是什么领导，也很尊重艺术家的原创，但我必须表达我的想法，在遗址面前，是限制性"作文"，对大明宫遗址的了解，我不敢自问比先生深刻，但一定比他全面系统，先生听了我的建议，后来修改的方案更加强调了他的"基台"概念，与周边的协调性也优化了许多。

第四节　"中国通"罗森夫人

"你们是做什么的，你们会怎么做，我都知道。"这是2008年夏天，我第一次见到罗森夫人时，她对我说的话。当时，大明宫的拆迁

图 16-2　矶崎新设计的大明宫博物馆

正如火如荼,整个 3.5 平方公里,100 多台挖掘机,3 个指挥部,3000 多人的拆迁队伍在工作。老百姓送来了几千面锦旗,国家文物局在以大明宫为典型,宣传大遗址保护工作。

罗森夫人在质问我、斥责我,她知道我们以前从事开发,她以为我们会在大明宫里拆掉旧城市建设新城市。罗森夫人汉语流利,问语直白,不用翻译。

罗森夫人,世界文物界一个大名人,牛津考古的院长,有英国女王授予的爵位,英国人,却汉语流利。而我,在此前一点都不知道她们的到来。

我们通过英国大使馆邀请了牛津大学进行考古和遗址中心的策划设计。项目可以称为很中国又具有世界水平。原想请哈佛大学和弗吉尼亚大学(做过罗马古城虚拟复原),但比较学科水准,还是选择了牛津大学,然而,罗森夫人来了,麻烦来了。

两年的时光,我清楚,罗森夫人的目光一直在我背后,她人虽然未在现场,但这个英国老太太对我第一印象不好。

大明宫国家遗址公园 2010 年 10 月 1 日开园,总得有一个开园前的学术研讨会,总结也好,批评也罢,我得请人打打分。2010 年 9 月 16 日由牛津考古专家和中国社科院考古所召开一次学术研讨会,会议是提前一年决定的。请不请罗森夫人,下属请示我。请! 即使是批评,释放了也好。

2010 年 9 月 15 日,我是怀揣着死猪不怕开水烫的心理见到了罗森夫人。

"中西文化有差异",我先承认不足。罗森夫人说:"我会正式讲我的意思",她给我卖了一个关子。

晚宴上,罗森夫人要求讲话,原来安排 16 日她的致辞,那无非是作为主办方讲一些客气话而已。

没法制止,也没可能制止。

"感谢大明宫保护办,你们做得很好,大明宫国家遗址公园比我预想得好很多,在大明宫遗址上,我感受到了中国大遗址保护工作的希望……"

罗森夫人倒不啰唆,她高度肯定,当场表扬,似乎大明宫没有任何缺陷似的。这个 180 度的转弯,转得有点快。

遗址公园开放后,还有三个中国的文物专家说东道西,但国际专家没有大的批评,我想这和罗森夫人的态度不无关系。

实事求是的英国老太太,一位真正的英国贵族。

后　记

一

中国的城市化进程前所未有地进行着,从 20 世纪 70 年代末开始短短的 30 年,走过了西方社会百年的历程,但中国城市发展的水平与国际先进城市还有着很大的差距,未来相当长的时间我们还得说"在路上"。

看看我们的城市:马路越来越宽,交通却越来越梗阻;GDP 不断增加,城市家庭平均收入却不见变化;工厂越来越多,失业率却居高不下;园区越来越美,购买生活用品却越来越不方便;地标建筑越来越多,城市却不再有个性;这些城市病的形成源于:

(一)城市决策机制不健全,区域规划没有完全的科学论证、没有广泛的民主听证。生活在城市的居民无法决定城市未来的发展,民众喜欢的东西引不进来,民众讨厌的东西驱逐不出去。

美国联邦政府曾要求抵制墨西哥非法移民打工,旧金山市却不执行,因为没有了这些廉价劳动力,整个城市的劳动成本将居高不下,进而引发生活成本也居高不下。市长必须代表大众进行这样的表态,联邦政府并未因此而减少对该市的转移支付。

(二)城市发展的方式盲目无序。西方城市在疯狂的"爪牙式"

发展后,专家们提出"聪敏增长",对无限的城市扩张给出了"自我疗伤"的处方。反观我们的城市,"摊大饼"几乎成了唯一的发展方式,一环外套二环、二环外套三环、四环、五环,竟毫无良策。

(三)城市发展的理念上人本不足,特色消失,建筑急功近利。古城、文化名城一律成了国外现代主义设计师的走秀场,钢构、大玻璃现代建筑、高耗能却大行其道,从来就没有一座用石头构造的千年不朽之作。

二

中国城市发展研究中的理论问题与中国城市发展的实践问题是上下启承的关系。城市发展水平有多高,城市研究就有多深。反过来,城市研究有多深,城市发展就走多远。

长期以来,在我们国内做宏观、微观经济研究的人比较多,而做以城市为对象的中观经济研究的人比较少。关心城市发展主要是城市的管理机关。而在国外,主要是城市居民在关心城市的发展,因为城市发展与每个居民的生活息息相关。而城市的管理机关主要是关心如何服务市民及如何增加城市居民的收入等问题。

在中国城市发展中的黄金时代,从事一个正在进行时的研究,难免过于仓促,无法盖棺论定。研究完成,有的结论可能就会过时,为尽量避免这种情况,我选择了西安曲江新区做样本,这是国家级文化产业示范区。一般的城市工业区及商业区随着城市的发展,会发生衰落和变迁,而文化区、生态区承担着城市的公共功能,是城市的优质资产。它作为样本可长期被研究和观察。

之后,我又引用了延安圣地河谷、西咸北国风光文化旅游中心区的案例,依据于它们,我能把城市从一个区域解剖开,在功能城市的基础上,把"文化城市"的因素剥离出来,并加以放大。因为工作原因,又使我把它从一个个观察样本变成了一个个实验样本。这些虽是不完全样本,但在一个社会转型期,这些实验也极其可贵。

当代的城市研究也有许多自身的难处,一是城市统计系统不完备,统计系统与上一级统计体系严格对应,为领导做城市经济发展的横向比较提供了支持,但关于城市特色、城市美誉、居住舒适指标的统计指标却没有。典型的事例是:把城市排名问题统统交给那些远离本城市的大学或研究机构去按专家主观打分的办法去做,城市排名被毫无道理地由专家们操纵,永远也找不出城市自我改进的路径。二是城市公共财政系统和管理系统界定不清,拿来的数据推不出想要的结果。财政支出的大部分是人头费,教师工资又占了大半,想要从政府投资变化推算 GDP 的变化,不可能。推出对居民消费变化的影响,更不可能。三是研究队伍远离实地、实际,本城的研究机构看不上本地的研究,外地的大学又隔靴搔痒。

三

本书不是也不能是一部学术专著,更不是一部散文、杂文集,它以我的博士论文《基于管理约束的城市经营模型研究》为基础,改编而成。它截取了论文的部分内容,所以有些公式、数据比较难懂,读起来艰涩。书稿中收录了我关于城市管理和在国外城市游历时的一些散文,其中的一些文章曾在报纸、杂志上发表过。关于西安曲江新区的文章《曲江路线》、《中美城市资源利用效率研究》，我是主要领导者和起草者，郭捷同志是我的主要助手，当时发表时，《曲江路线》并未署我名。但因为其相对重要，能使整个书读起来更顺畅，所以也收录了。

这本书写作前后共用了四年时间，初稿完了后，因为我工作变动，又放置了两年，直到我在陕旅集团总经理岗位上把金旅城——四海唐人街、延安圣地河谷文化旅游中心区等八个项目启动后，有了时间再把它写下去。这八个项目耗费了我近两年的心血，精心策划，并亲自抓规划、抓投融资，好在还算启动成功，成为一次次可以复制的实验，也使本书内容更加充实。

本书的写作首先要感谢我的导师蒋正华前副委员长、斯坦福大学终身教授马克·弗理德曼、朱楚珠、李树茁教授给予我学理上的教诲和指导，感谢与我一起奋斗在曲江、大明宫、陕旅集团的同事们，感谢大连理工大学刘海潮老师、任峰老师的模型支持，感谢周勇先生在书稿中的建议，感谢我的同事郭捷、魏银栓、王峰、金哲楠、张井炜。最后感谢我的父母家人，我的女儿西西，是他们的爱支持我在即将不惑之年赴美留学，并为我工作、写作腾出大量的精力和时间。

周 冰

2013 年 6 月

作 者 简 介

周冰,男,陕西丹凤人,1966年生。管理学博士,美国斯坦福大学博士后,西安交通大学兼职教授。先后师从于经济学家、原全国人大常委会副委员长蒋正华教授和美国国家科学院院士、斯坦福大学终身教授Marcus.w.Feldman。从事城市经济、城市资源及人口管理、城市文化传播及演化等领域的理论研究。现任陕西旅游集团公司总经理,曾任陕西文化产业投资控股(集团)有限公司副总经理、西安曲江新区管理委员会副主任、西安曲江大明宫遗址区保护改造办公室主任(项目总指挥)、西安城墙管委会主任。